野菜がおいしくなるクイズ

緒方湊 著

3

はじめに

こんにちは、緒方湊です。

僕は、小さい頃から魚や昆虫、動物、植物など、

身の回りにあるたくさんの生き物に興味をもってきました。

そして、そのなかでも「野菜」の魅力は特別でした。

野菜って、どうしてこんなに面白いんだろう。

野菜って、どうしてこんなに美味しいんだろう。

野菜の世界にどっぷりハマり、気づいたら

「野菜ソムリエプロ」という資格を10歳で取得。

テレビやイベントなどで、

その魅力を伝えることが増えていました。

みなさんは毎日、野菜や果物を食べていますよね。

また、人によっては毎日料理も

しているのではないでしょうか。

でも、意外と野菜のこと、果物のこと、

知らないことありませんか?

たとえば、トマト。

お店ではたくさん並んでいますが、「このなかで

一番おいしそうなのは、どれ?」と聞かれたら…

どれも同じ、と思っていませんか？
野菜も、生きものです。
じつは、ひとつひとつに個性があって、
味わいも違っています。
そんな野菜の魅力を伝えたいと思い、
この本を作ることにしました。

あ、でも安心してくださいね！
難しい栄養の話なんかはおいておきますので（笑）
パラパラめくってもらうとわかりますが、
この本はクイズ形式になっています。
八百屋さんやスーパーで
野菜・果物を選ぶ際に
「ちょっと役立つ知識」を、
クイズに答えながら楽しく身につけて
いただけたらな、と願っています。
さあ、あなたの好きな野菜のクイズから、
解いてみてください！

　　　　　　　　　　緒方湊

野菜がおいしくなるクイズ・目次

PART 1

まいにち食べる 野菜＆フルーツ

PART 2

季節ごとにおいしい 野菜&フルーツ

PART 3

じつはすごい 名脇役の野菜たち

PART 4

知って得する 保存 & 調理のコツ

PART ①
まいにち食べる
野菜&フルーツ

いつも食卓にある野菜がおいしければ、
いつも食卓に笑顔と会話があふれるはず。
おなじみ野菜のおいしいコツ、覚えちゃいましょう。

おいしくてあまい トマトはどーれだ？

トマトは育て方次第で酸っぱくもあまくもなる。 **1〜4**のなかから正解を**2**つ探し出そう！

（ ヒント ）

トマトは水分を
少なめで育てたほうが、
あまくなるよ。 見た目は
どうなるかな？

上から見てまんまる

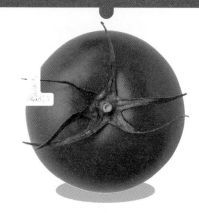

赤色が濃い

トマトは女性が選ぶ「好きな野菜ランキング」でいつもダントツの1位なんですよ。

「ミニトマト」と
「プチトマト」って、
何がちがうの？

角ばってボコボコ♩

赤い色してる子は
「リコピン」ってものを
溜め込んでるみたいよ。
それ、あまいのかしら？

すじがある♩

ZOOM

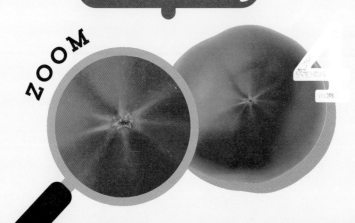

上から見てまんまるで、おしりに"すじ"のあるトマトがあまくておいしい！

赤色が
濃くても
あまいとは
限らないよ！

**トマトの形で
生育状態がわかる**

まんまるのトマトは、すべ
ての部分が均等にゆっくり
と育ったものです。

まんまるをえらぼう

赤いからといって「あまい」とは限らない！

トマトは「収穫した瞬間」に糖度が決まり
ます。まだ青い状態で収穫したトマトがお店
に並ぶ頃に赤くなっていても、収穫したとき
よりも糖度が上がるわけではありません。た
だし樹上完熟させた真っ赤なトマトは、あま

いものが多いです。赤い色だけでは判断は難
しいですが、そんなときはヘタをチェック。
ヘタがピンと立っているものが収穫して間も
ないトマトです。ちなみにリコピンは赤くな
るほど増えていきます。

プチトマトはミニトマトのひとつ

「ミニトマト」は小さいトマトの総称で、「プチトマト」はミニトマトの中の一品種です。「プチトマト」は日本の高度経済成長期に、マンションのベランダで、プランターを使って栽培できるトマトとして大ヒットしました。今でも小さいトマトのことを「プチトマト」という人も多いですが、プチトマトは平成24年頃に生産終了。今は世の中に出回っていません。

すじ＝
スターマークの
あるトマトが
あまいよ！

スターマークに
沿って切ると、
中のゼリー状の部分が
出にくいよ

おしりに現れる
星を探そう！

あまいトマトを見つけたいときは、おしりからへたに向かって放射線状にのびる星を探しましょう。

おしりの星は、糖分を蓄えている証

もうひとつ、おいしいトマトを見分けるポイントは、おしりの"すじ"。これは「スターマーク」と呼ばれ、その正体は「維管束」という水分の通り道です。維管束は、水分が足りなくなったときに糖分を蓄える場所でもあります。そのため、おしりにスターマークが浮かび上がっていたら、糖分を蓄えている証拠。トマトは、水分をできるだけ与えずに育てたほうが、あまみが強くなります。

選ぶべきキュウリはどーれだ？

キュウリは鮮度がいいと、みずみずしくておいしいよ。1・2・3から選ぼう！

肩

肩が
盛り上がっていて、
トゲトゲ

1

曲がって
クネクネ

2

自然のままスクスク育った
感じがするよね

新鮮なほど、
キュウリは強そうに
見えるんだよ

知ってた？

「最もカロリーの低い果実（Least calorific fruit）」としてギネス世界記録に認定されています。

3

痛そうだからって
お店で
避けないでね

なで肩で
ツルツル

キレイで上品な味が
しそうじゃない？

肩が盛り上がってトゲトゲのキュウリを選ぼう。

強そうな肩を選ぼう！

なで肩より
強そうだね

**肩が張っている
ほど水分たっぷり**

キュウリを選ぶときは「肩」
に注目。肩が張っているも
のほど、養分と水分がたっ
ぷり入っています。

養分と水分が詰まったキュウリは、肩が盛り上がっている

キュウリは、肩の先が茎につながっています。
そのため、茎からたくさん養分と水分をもら
っているものは、肩がしっかりと張っています。
つまり、肩が盛り上がって、強そうに見える
キュウリほど、みずみずしいのです。ちなみに、

ピーマンも同じ。なで肩より、肩が盛り上が
っているほうが養分と水分が詰まっています。
また、キュウリを選ぶときは色もチェック。
生育状態の良いキュウリは表面の色にムラが
なく、深く濃い緑色をしています。

曲がっていても、味は変わらない！

「曲がったキュウリ＝自然に育ったもの＝おいしい！」というイメージを抱きがち。でも、極端に曲がったキュウリは肥料が多すぎる、あるいは少なすぎる、もしくは水分が十分に与えられていないなど、生育状態があまりよくなかった可能性があります。とはいえ、曲がったものも、まっすぐのものも、味は大きく変わりません。また、時々見かける表面の白い粉は「ブルーム」といい、キュウリ自身が出す天然物質。水分の蒸発を防いでくれます。

ZOOM

時間が
経つにつれて、
トゲトゲがとれて
丸くなるよ

トゲの鋭さをチェックしよう

トゲトゲは「イボ」と呼ばれ、尖っているものが◎。より新鮮なものは、切り口にもトゲが出ています。

トゲトゲは新鮮さのバロメーター

もともとトゲトゲのない品種もありますが、一般的に、キュウリはトゲトゲが鋭く尖っているほど新鮮。時間が経って鮮度が落ちるにつれて、実の中の水分が蒸発してトゲトゲが丸くなり、トゲの周囲が黒っぽくなっていきます。ただ、新鮮なキュウリでも、輸送する際にお互いのトゲが刺さり合って、つぶれてしまう場合も。いずれにしても、トゲトゲが丸くなったキュウリは、早く食べるのがおすすめです。

たまねぎサラダ作りで避けるべきなのは？

当たり前だと思っていたことが、実はそうじゃないかも!?　たまねぎサラダ作りで避ける

べきことを 1・2・3 から探そう！答えは一つじゃないよ。

スライサーで切る

1

薄く切れる分、
栄養素も細かく断裁しちゃうかな…

軽く水気を絞る

水気をしぼったら、
他のモノも抜けちゃうかしら？

水にさらす

辛みを抜くには、
水にさらすと
いいって聞くよ

（ヒント）

たまねぎを切ると涙が
出るよね。あれは、
辛み成分が「揮発性」
だからだよ。
って、ことは……

避けるべきは、次の2つ！
② 水にさらす
③ 軽く水気を絞る

水にさらさなくても
いいよ

空気にさらすだけ
でOK!

水にさらすと
栄養まで抜ける

辛み成分は空気にさらすと
抜けます。「水にさらす→
水気を絞る」という作業は
栄養が減るため不要です。

加熱すると
あまみを感じ
やすくなるよ

たまねぎの辛味を抜くには、切って放置するだけでOK

たまねぎには「硫化アリル」という辛み成分が含まれています。そのため生で食べるときは、辛み成分を抜こうと水にさらす人が多いようですが、硫化アリルは揮発性。切ったあと20分以上放置するだけで抜けていきます。

水にさらすと血液サラサラ効果のある硫化アリルやその他の栄養素まで抜けてしまうことに。たまねぎサラダを作るときは、最初にたまねぎをスライスして放置し、その間に別の作業を進めればOKです。

「たまねぎ」と「新たまねぎ」は、どう違う？

「たまねぎ」と「新たまねぎ」は、見た目も味も異なりますが、実は同じもの。出荷の方法が異なるだけなのです。一年中、店頭で見かける「たまねぎ」は保存性を高めるため、収穫後に干して乾燥させ、水分を抜いてから出荷されます。一方、「新たまねぎ」は乾燥させず、そのまま出荷されます。そのため日持ちはしませんが、水分が多く、甘みも強いのです。「たまねぎ」は乾燥するほど皮が茶色くなり、水分が抜けて辛みが増します。

もとは
同じものだよ！

新たまねぎ

たまねぎ

たまねぎを選ぶときのポイントは？

たまねぎは皮が茶色く、ツヤのあるもの、そして先端が細く締まっているものを選んで。太いものは、そこから栄養が抜けていきますし、やわらかいものは傷みやすく、日持ちしません。加えて、ずっしりと重みのあるものを選びましょう。新たまねぎも先端が細く、ずっしりと重みのあるものが◎。また、新たまねぎはカビが生えやすいので、買うときによく確かめて。

先が細い！

ツヤツヤ

おいしいにんじんサラダを作りたい！避けるべきはどれ？

まさる君は、おいしくて栄養たっぷりのにんじんサラダを作ろうと思っています。

1〜3のうち、避けたほうがいいのはどれ？

芯が太いと、
しっかり育って見える。
でもこの芯、
やけに硬いのはなぜ？

芯が太い
にんじんを買う

ピーラーで
皮をむく

にんじんはオレンジ色だけでなく、紫や白、黄色の品種もあります。

(ヒント)

にんじんの栄養は、
芯から葉に
運ばれるよ。
太い芯だと……

スライサーで 切る

スライサーを使うと、
硬くても簡単に調理が
できて便利だよね。

野菜は皮と実の間に
一番栄養が詰まっている。
にんじんも
同じかな……？

(おまけクイズ)

にんじんは色が
濃いほうが、
βカロテンが多い。
○ or ✕？

避けるべきは、次の2つ！
①芯が太いにんじんを買う/②ピーラーで皮をむく

薄くて白い皮がついている

洗浄

薄皮はなくなる

採れたて

出荷前

皮のような表面のシワシワは、硬くなった実

　にんじんの皮はとても薄く、出荷前の洗浄の段階で、ほとんど取れてしまいます。皮のように見えるのは、洗浄後に乾燥し、硬くシワシワになった実の表面。そのため、調理前にピーラーなどで皮むきをする必要はありません。また、野菜は皮と実の間に一番栄養があります。すでに薄皮がむけているにんじんは、表面にもっとも栄養があるので、皮むきをせず、そのまま調理するのがおすすめです。

買った時点ですでに皮はとれている！

出荷前の洗浄で薄皮がとれたにんじんは、表面が乾燥してシワシワに。それが、皮のように見えるのです。

○……にんじんは色が濃いほど、βカロテンが多い

βカロテンとは、にんじんなどの野菜に含まれるオレンジの色素成分。品種にもよりますが、**にんじんはオレンジ色が鮮やかで濃いほど、βカロテンが豊富に含まれています。**βカロテンは体内でビタミンAに変換され、皮膚や粘膜の健康維持などに役立ちます。また、表面が凸凹したにんじんはあまみが少ないので、ツヤツヤでなめらかなものを選びましょう。

サラダにするなら細くなっている先端のほうがおすすめ

軸が細いほうが、食感がやわらかい！

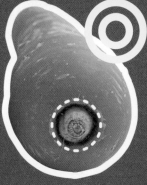

軸が細いほうが、やわらかくて栄養価も高い

にんじんの軸は、その先の硬くて繊維質の多い"芯"につながっています。そのため軸が太いものほど芯も太く、硬い部分が多くなるのです。**さらに、軸が太いと葉に養分をとられ、栄養価もダウン。**逆に、**芯が細いにんじんは繊維質が少ないので、食感もやわらかいです。**また、軸が黒ずんだにんじんは、あまり新鮮ではありません。軸の大きさだけでなく色もチェックして。

軸が細いにんじんを買おう！

にんじんは軸の先の"芯"の部分が硬く、その周囲の実がやわらかいもの。芯が細いものを選ぶと◎。

買うならどっちのキャベツにする？

選び方のポイントは芯の「大きさ」と「高さ」。**2つの問題の、正しい答えを選ぼう！**

Q1

まるごとキャベツを選ぶとき、芯のサイズはどっちがいい？

芯が大きいほど、しっかり育っている感じがしない？

硬貨と「親指」のサイズを比べておけば、お店で選ぶときの目安になります

500円玉	1円玉

2.65cm	2cm

原寸大

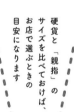

Q2

カットしたキャベツを選ぶときは、芯が【 高い or 低い 】ほうがあまい！

ここが「芯」だよ

芯が小さいと、生育状態がよくなかった気もするよね

（ ヒント ）
キャベツは
収穫後も成長する
ので、芯の高さも
変わりますよ。

Q1

まるごとキャベツを選ぶとき、芯のサイズはくらいがいい！

芯の大きさと色が
選ぶポイント

キャベツを買うときは、芯に注目。500円玉くらいの大きさで、白色のものを選んで。

500円玉くらいの
大きさが
ちょうどいい！

芯が大きい
キャベツは
成長しすぎて
いるよ

キャベツの芯は、大きすぎないものを選んで

芯が大きすぎるキャベツは、成長しすぎたもの。葉が硬くなっていたり、苦みが出ていたりする可能性があります。500円玉くらいの大きさが、ちょうどいいでしょう。また、裏返して見た時に、全体がきれいな五角形に近いほど、肥料や水分などのバランスがよく、生育状態がいい証拠です。さらに、芯の色も確認して。新鮮なものは、芯の切り口が白色。変色していたり、黒ずんでいたりするものは、収穫してから時間が経っています。

Q2
カットキャベツを選ぶときは、芯が低いほうがあまい！

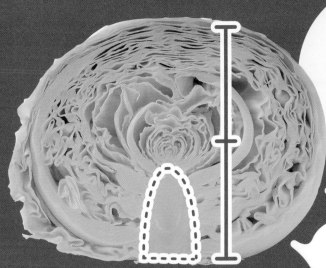

カットキャベツは
芯の高さを
チェック

カットキャベツは、芯の
高さを見ることで、成長
の度合や収穫の時期を推
測できます。

真ん中より少し低い
くらいが◎

芯が高く伸びたキャベツは、成長しすぎている

カットキャベツを買うときは、芯の高さを確認。真ん中より少し低いくらいがベストです。それより高いものは収穫時期が遅かったか、収穫から時間が経って成長してしまったものです。芯の次は、葉を確認。外側から芯に向かうほど、黄色味を帯びているもの、さらに芯を中心に葉脈が左右対称なものを選びましょう。いびつな形をしたものは、肥料や水分のバランスがよくなかった可能性があります。

冬キャベツと春キャベツ、重いほうがいいのは……？

冬キャベツと春キャベツは、見極めのポイントが異なります。冬キャベツは持ったときにズッシリと重く、葉の巻きが詰まっていて硬いものがベスト。一方、春キャベツは軽くて、葉の巻きがふんわりと緩いものを選びましょう。また、スーパーなどで外葉をはずしてから買う人がいますが、外葉を付けたまま保存したほうが水分が逃げにくく、みずみずしさをキープできます。

じゃがいもが あまくなる保存の 仕方はどーれだ？

保存法を変えれば、じゃがいもの糖度がアップします。
1・2・3から正解を見つけましょう！

(ヒント)

雪国では
同じ原理を用いて
じゃがいもを
寝かせているよ

ふだんは数カ月
貯蔵させたものを食べてるんだよ。
貯蔵させないフレッシュなものが
「新じゃがいも」なんだ。

① 冷暗所

やっぱり冷暗所が
セオリーって気がするよね

② 冷蔵庫

じゃがいもを
冷やすことって、
あんまり無いかも

③ 水の中

空気に触れないから、
水の中も意外と熟成には向いてる？

知ってた？

そのまま冷凍すると組織が壊れて、解凍時はスカスカに。マッシュポテトにしてから冷凍すると◎。

（おまけクイズ）

「緑色」になってたり、
「芽」が出てたりする
ジャガイモは要注意！
なぜだか、知ってる？

2

冷蔵庫で保存
すると、じゃがいもは、あまくなる！

**低温保存で
あまみが増す**

低温で保存することで、でんぷんが糖に分解。ただ、あまみが増す反面、ホクホク感がなくなります。

新聞紙で包んで、
ポリ袋に入れれば
ベスト！

寒さから身を守るため、でんぷんを糖に変える

じゃがいもは通常、風通しのいい冷暗所で保存します。しかし、冷蔵庫に入れると寒さから身を守るため、じゃがいもが自らでんぷんを分解して糖に変え、あまみが増していきます。雪国では、雪の中にじゃがいもを寝か

せることも。冷蔵庫で保存する場合は、野菜室より温度が低く、凍ることのないチルド室がおすすめ。ただ、でんぷんを消費してしまうため、ホクホクした食感は失われ、水分が抜けてシワシワになることもあります。

天然毒素「ソラニン」が増えているから

じゃがいもは日光や蛍光灯に当たると皮が緑色に変わり、「ソラニン」という天然毒素が増えます。ソラニンを食べると、腹痛や嘔吐を起こすことも。ソラニンは加熱しても消えません。また、緑色のじゃがいもは皮の下まで変色していることが多いので、変色した部分をカットし、すべて取り除いてください。ソラニンは、じゃがいもの芽にも含まれています。調理する際は、ていねいに芽を取ることが大切です。

男爵いも

ホクホク

メイクイーン

なめらか

ポテサラ

コロッケ

カレー　**シチュー**

「男爵いも」と「メイクイーン」、どう使い分ける?

男爵いもは、ホクホクした食感が魅力。ポテトサラダやコロッケなどを作るときにおすすめです。一方、メイクイーンはしっとりとなめらかで煮崩れにしくいので、カレーやシチュー、おでんなどに合うでしょう。ただ、カレーやシチューに入れるときも、ちょっと煮崩れしたほうが好みの場合は、男爵がベター。好みに応じて、使い分けてください。

究極の二択！ ネギを選ぶなら どっち？

ネギを買うとき、チェックするといいポイントがあるよ。
さぁ、どっちかな？

ヒント

ネギは
どんな風に
育つのかな？

緑があざやかに
全体を覆っているもの

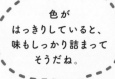

色が
はっきりしていると、
味もしっかり詰まって
そうだね。

1

緑と白のコントラストが

はっきりしているもの♪

きちんと成長した
ものほど、
緑色になって
いくのかな？

2

緑と白のコントラストがハッキリしているネギがオススメ！

緑と白の境目がハッキリしてれば◎

白い部分が真っ白で、緑との境目がハッキリしているほど、より丁寧に栽培されてきた証拠です。

緑の部分が長いと、甘くやわらかい部分が少なくなるよ。

ハッキリ！

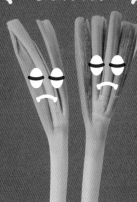

長ネギは緑と白の境目をチェックしよう

長ネギの白い部分は、日光の当たらない土の中で育ったところ。一方、緑の部分は日光を浴びて伸びたところです。白い部分が真っ白で、緑とのコントラストがハッキリしているほどしっかり育ったものです。さらに、緑と白の中間部分がやわらかすぎず、少し弾力のあるものを選んで。長ネギは白い部分を食べ、緑の部分は薬味や出汁をとるときなどに使うため、白い部分が長いほど食べる部分が多くなります。

根っこの上が膨らんだ長ネギを選ぼう

長ネギを選ぶときは、根っこの部分にも注目を。できれば、根っこの部分が少し残っているものを選ぶのがおすすめ。根っこがカットされたものは、成長するにつれて芯が伸びていきます。

また、長ネギは根の上の部分に養分をため込んでいます。そのため根の上の部分に丸い膨らみのあるものは、栄養をたっぷりと蓄えている証拠。さらに、あまみが強い傾向があります。

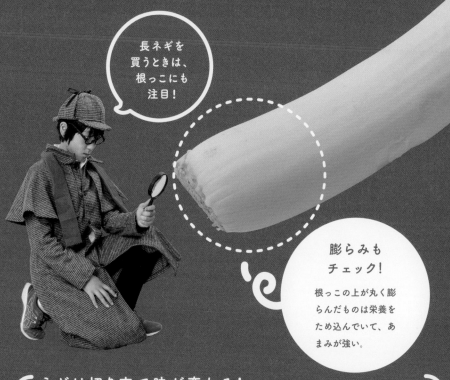

長ネギを
買うときは、
根っこにも
注目！

膨らみも
チェック！

根っこの上が丸く膨
らんだものは栄養を
ため込んでいて、あ
まみが強い。

ネギは切り方で味が変わる！

ネギはタテに繊維が入っています。そのため繊維を断つように輪切りにすると、辛味成分のアリシンが壊れ、辛味が増します。辛味を抑えたいときは、白髪ネギのように繊維に沿ってタテに切るといいでしょう。ちなみに、切れ味の悪い包丁でネギを輪切りにすると、

よりいっそう繊維がつぶれて壊れやすくなり、さらに辛くなります。

イチゴ・リンゴ・ブドウ …どれがまちがった 保存方法?

果物の洗い方や保存の仕方には、ポイントがあります。
1・2・3からの中から、まちがいを探そう。このクイズは難しいよ!

水につけて洗ってから保存する

水につけると、
汚れがしっかり
落とせそう

洗う前に、
きちんとベタベタを
拭き取らないとね!

(イチゴ)

ブドウ

白い粉を洗い落としてから保存する

3

> 白い粉の正体は、
> 「ブルーム」って
> いうんだって。

リンゴ

表面のベタベタを拭き取ってから保存する

（ ヒント ）

リンゴのベタベタは、
ワックスだと
思ってない？

果物は冷やしすぎるとあまみを感じにくくなります。　食べる2時間ほど前に冷蔵庫に入れるのがおすすめ！

3つすべて、まちがい！
（正解した人は天才だ！）

① いちごは水につけて 洗ってから保存しては×

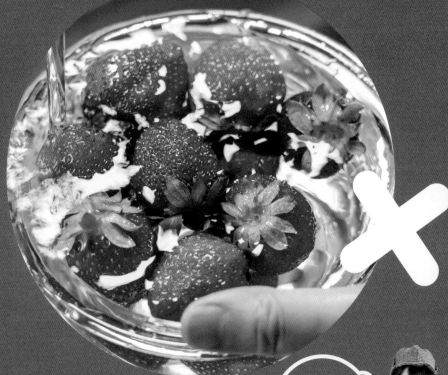

いちごの ヘタは、 食べる直前に とってね！

　いちごを水につけて洗うと、風味も栄養も流れ出てしまいます。特にヘタの近くにビタミンCが多いため、ヘタを取ってから洗うと、ビタミンCがどんどん流出してしまいます。いちごは洗わなくてもOKですが、農薬などが気になる場合は、流水でさっと洗うといいでしょう。

② リンゴのベタベタは 拭き取らなくていい

リンゴの表面のベタベタは、リンゴ自身が出す蝋（ろう）物質。生育中は虫から実を守り、収穫後は水分の蒸発を防ぎます。人工的に付けたワックスなどではないので、拭き取る必要はありません。食べる前に、軽く洗うだけで大丈夫です。

③ ブドウは保存前に白い粉を落とさない

ブドウの表面の白い粉は「ブルーム」といい、病気や乾燥から実を守るため、ブドウが自ら出すもの。ブルームがしっかり付いているブドウは、健康に育っています。保存前に洗い落とすと乾燥してしまうので、食べる直前に、流水でさっと洗うのがおすすめ。ブルームはキュウリやスモモ、ブルーベリーなど、さまざまな野菜や果物に付いています。

リンゴの 一番あまい部分は、 どーこだ？

リンゴは部位によって、あまさが違います。
1〜4から、一番あまい部分を選んで！

(ヒント)

柿、梨、桃も同じ
ところが一番あまいよ！

茎に近いほうが栄養は
たくさん運ばれてる？

① 頭

種のまわりは栄養が
多い気もするよね

② 真ん中

やっぱり甘いのは蜜でしょ！

③ 蜜の部分

意外とおしりに糖分が
溜まってるんじゃない？

④ おしりの部分

蜜ができるのは
「これ以上甘くなれない」という
完熟のサインだよ

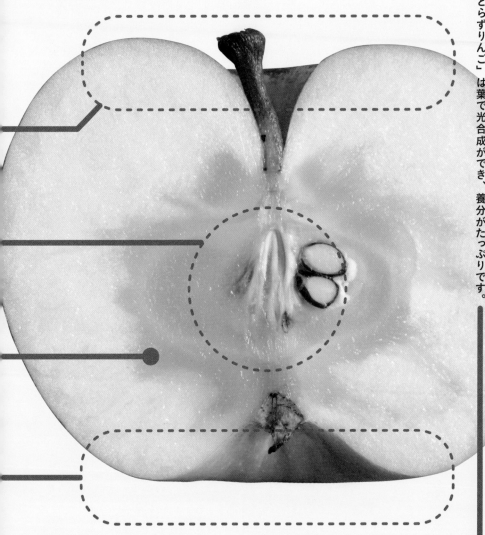

4

リンゴは
おしりの部分が
一番あまい！

蜜そのものは
甘くないのです

花がついていた
"おしり"があまい

リンゴは、おしりのほうに
花がついていました。その
ため頭や真ん中より、おし
りの部分があまくなります。

太陽の光に当たっていた部分も、
あまくなることがあります。

リンゴ はおしりがあまく、蜜そのものはあまくない

　果物は花が咲く部分に近いほど、あまみが
強くなる性質があります。リンゴは、おしり
側に花が咲いていたので、おしりの部分が一
番あまくなります。また、リンゴは養分を糖
分に変えて果肉の中に蓄えますが、完熟する

と細胞が糖分で満ち、入りきらなかった養分
は糖に変わらずそのまま溢れ出します。それ
が「蜜」。蜜は糖に変わっていないため、あ
まくありませんが、「蜜入りのリンゴ」自体
は完熟し、糖分を蓄えていて、あまくなります。

リンゴの品種いろいろ

世界には約1万5千種もあるといわれるリンゴの品種。個性的なリンゴを、いくつか紹介します。

なかののきらめき

果皮は黄緑色でほんのりオレンジに色づき、果肉が赤い品種。長野県中野市で赤い果肉のリンゴの研究を行う吉家一雄さんが、果皮が黄緑の「王林」と、果肉が赤い「いろどり」を交配して育成した。

紅の夢

弘前大学で育成され、果肉まで赤いリンゴの第一号として農水省に品種登録された。果肉が赤い品種は渋くて生で食べられないこともあるが、「紅の夢」は渋味がない。

青森県のリンゴ産業の発展に大きく貢献した木村甚彌さんが生み出した「高徳」。その「高徳」を改良したリンゴが「こみつ」。樹上で完熟させて収穫するが、小玉でたっぷりと蜜が入ったものだけが「こみつ」と名乗れる。

こみつ

果皮や果肉の色も、さまざまだね！

リンゴを選ぶときのポイントは？

リンゴを買う時のポイントは3つあります。「①くぼみが深いもの ②軸が太いもの ③しっかり色付いているもの」を選びましょう。軸が太いほうが、栄養がたくさん運ばれてくるので良いリンゴになります。また、リンゴの赤色の正体は「ポリフェノール」。日光に当たるほど、どんどん赤くなります。

みなとの野菜ノート❶

僕が心から「推す」野菜たち

　僕は「伝統野菜」とよばれる、日本各地で古くから栽培されてきた野菜が大好きです。初めて出合った食材を味わう。そこには最高の体験があります。なかでも一番好きな野菜は山形県真室川町で育てられている「甚五右ヱ門芋」。一子相伝、農家・佐藤家だけに受け継がれてきた里芋で、蒸すだけでとろーっとして、もっちりとした食感に。あまりのおいしさに衝撃を受けた野菜です。ほかにも山形県の「赤根ほうれんそう」や山口県の「萩たまげなす」、新潟県の「だるまれんこん」など、毎年、旬を楽しみにしている物がた〜くさん！日本中の伝統野菜を食べ尽すことが僕の夢です(笑)

▲佐藤春樹さんと甚五右ヱ門芋を収穫　　▲甚五右ヱ門芋は蒸すだけで絶品に

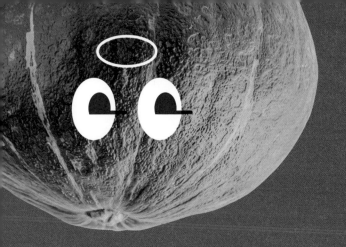

PART ②
季節ごとにおいしい
野菜＆フルーツ

「旬」って言葉、魅力的ですよね。
旬の野菜は、濃厚な味わいで中身もジューシー。
お値段も下がるし、みんなが笑顔になれる宝物です。

レタスを選ぶなら どれにする？

レタスは「葉」と「芯」に注目すれば鮮度がわかります。
1・2・3から正解を見つけよう！（答えはひとつじゃないよ）

葉の色が濃い緑色 1

葉の色が濃くて
鮮やかだと、
美味しそうな気が
しない？

（ ヒント ）

葉の色は、
栽培中の肥料の
量によって変わる
みたいだよ

芯が茶色い
ものって、
土で汚れている
のかな？

芯の色が白い **2**

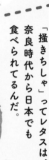

友だちの
「掻きちしゃ」ってレタスは、
奈良時代から日本でも
食べられてるんだ。

3 葉先がピンとしている

サニーレタスやリーフレタスは栄養価が高く、玉レタスと異なり、緑黄色野菜に分類されています。

（おまけクイズ）

レタスは
重いものを
選んだほうがお得！
○ or ✕?

正解は、次の2つ！
②切り口が白くて、
③葉先がピンとしている
レタスがオススメ

葉先がピン

しなしな

ZOOM

レタスの鮮度は
葉先でわかる

レタスの鮮度をチェックす
るには、葉先を見て。新鮮
でみずみずしいレタスは、
葉先がピンとしています。

葉先までハリがあり、明るい緑色のレタスが◎

レタスを選ぶときは、まず葉先をチェック。鮮度が高く、みずみずしいレタスは葉先がピンとしてハリがあります。葉先がしおれたものは鮮度が落ちているので、避けたほうが無難です。次は、葉の色を確認しましょう。葉が濃い緑色をしている場合、肥料（チッ素）が多い可能性があります。明るい緑色をしたレタスを選ぶといいでしょう。ちなみに、玉レタスは淡色野菜ですが、サニーレタスやリーフレタスは緑黄色野菜です。

✕……レタスは軽いものを選ぼう

レタスは葉がふんわりと緩く巻かれていて、軽いものを選びましょう。葉と葉の間に隙間があるほうが、葉のやわらかい食感が楽しめます。一方、葉がぎっしりと詰まっている重いレタスは、成長しすぎている可能性が。葉が硬くなって、苦みが出ています。また、

全体の形がいびつなものは、生育状態があまりよくありません。

芯の色は鮮度のバロメーター。白いほど新鮮ですよ！

まっ白！白い液体が出ていることも

赤茶色で錆びたように変色……

切り口が真っ白のレタスは、とっても新鮮！

レタスは和名で「ちしゃ」といいますが、その語源は「乳草」。茎を切ると白い液体が出ることから名づけられました。白い液体の正体は「ラクチュコペクリン」というポリフェノールの一種。この液体は空気に触れると酸化し、赤茶色で錆びたような色に変化します。そのため芯が濃く変色しているレタスよりは、変色が薄いもの、白い切り口のものを選ぶのがベター。また、芯は10円玉くらいの大きさがベストです。

さて、メロンを 選ぶならどっち？

まるごとメロンもカットメロンも、見極めるポイントがあるよ。
Q1・2について、それぞれ正しいほうを選ぼう。

Q1

まるごとメロンは、皮の網目が細かいor粗いものがオススメ。

「網目が細かい＝
繊細」な
感じであまそう！

網目が大きいと、
たくましく立派に
育ってそうじゃない？

ZOOM

ZOOM

つる付きのメロンは、左右のつるの太さが「異なるもの」が、あまく育っています。

カットメロンは、実が**濃い色**or**半透明**のものがオススメ。

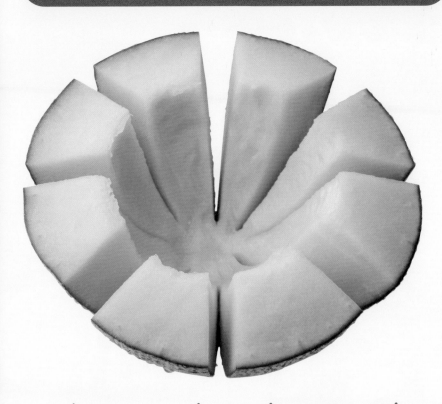

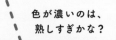

色が濃いのは、
熟しすぎかな？

ZOOM

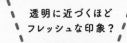

透明に近づくほど
フレッシュな印象？

ZOOM

Q1
まるごとメロンは皮の網目が**細かい**ものがオススメ！

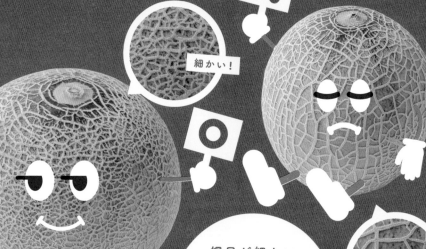

細かい！

網目が細かい
メロンを選ぼう

ネット系メロンは網目が細かく、くっきりと盛り上がっているものほど、おいしいと言われています。

粗い……

ネット系メロンは網目が均一で細かいものがオススメ

　メロンは縦方向に育った後、横方向に急激に大きくなります。その際、果肉の成長が早く、内側から圧力がかかるため、表皮が圧力に耐えられず裂けてひび割れます。その後、ひび割れを修復するためにできた"かさぶた"が網目。網目は肥料の量や与えるタイミングでコントロールでき、細かく均一であるほど、しっかり品質管理されていた証拠。あまみも香りも強くなります。また、網目がくっきり盛り上がっているほど肉厚に育っています。

Q2
カットメロンは実が
濃い色のほうが
オススメ！

実が
発酵すると、
半透明に
なるよ！

**カットメロンは
自然な
濃い緑が◎**

カットメロンは完熟し
たものが多いもの。自
然な濃い緑色のものが、
おすすめです。

実が半透明のメロンは、食べごろを過ぎている！

メロンは食べ頃を過ぎると実が発酵し、腐っていきます。実が半透明のメロンは、熟れすぎて発酵したもの。食べると苦みを感じたり、炭酸のように舌がピリピリしたりします。カットメロンを買うときは、実が半透明でな

く、自然な濃い色をしたものを選びましょう。また、カットしたメロンは、空気に触れると急激に味が落ちます。保存するなら、空気に触れないよう、しっかりラップをし、密閉容器などに入れてから冷蔵庫の野菜室へ。

メロンは種のまわりが一番あま～い！

メロンは種のまわりの真ん中の部分が一番あまく、皮に近づくほど、あまみが薄れていきます。とはいえ、種のまわりは実が取りにくく、食べづらいもの。そこでおすすめなのが、種の部分を取ったらザルなどでこして、ジュースにすること。さらに、こしたジュースを冷凍してシャーベットにしても、おいしくいただけます。

スイカを選ぶならどっち？

スイカを選ぶとき、注目すべきは"しましま"。
Q1・2の二択について、それぞれ正解を選ぼう！

Q1

しま模様が **はっきりして or うすくて**、
さらに **まっすぐ or ギザギザ** のものが、あまい。

ギザギザだと、
自然のまま伸び伸び
育った気がするね。

Q2

しま模様が、
なめらかな or デコボコしているものを選ぼう。

つるつるで
なめらかだと、あまい
感じがしない？

(ヒント)

黒いしまの下には
種があるよ。という
ことは…？

(おまけクイズ)

大玉スイカより、小玉スイカの
ほうがあまい。○ or ✕？

Q1 しま模様が**はっきりして、ギザギザ**なものがあまい！

Q2 しま模様が**デコボコしているものを選ぼう！**

スイカは収穫すると追熟しない

スイカは収穫したあと、成長が止まります。買うときに、あまく熟したものを選ぶことが大切です。

しま模様がはっきりしているほど、あまい

スイカは緑の部分と黒いしま模様のコントラストがはっきしているほど、あまく育っています。品種にもよりますが、しま模様がギザギザしているものが◎。さらに、しまが盛り上がっているほど熟しています。それは、しまの部分に種があるから。しまがはっきりしているものは種がしっかり育ち、子孫を残すために養分を蓄えています。また、叩いたとき、ボンボンと低い音がするものが熟していますが、音を聞き分けるのは難しいでしょう。

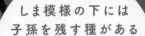

**しま模様の下には
子孫を残す種がある**

しま模様がはっきりして盛
り上がっているスイカは、
種がしっかり育っていて、
養分を蓄えています。

あまいスイカは、しま模様が
はっきり＆ギザギザ！

ZOOM

上部のつるの
付け根が
へこんでいて、
その周囲が
盛り上がっている
スイカが熟して
いるよ

おまけクイズの答え

✕……大玉も小玉も、あまさは同じ

品種にもよりますが、一般的に大玉
スイカと小玉スイカの糖度は、ほとん
ど変わりません。ただ、食感が少し異
なります。小玉スイカは果肉がやわら
かく、シャリシャリした食感なのに対
し、大玉スイカは果肉が締まっていて、

シャキシャキした食感
が楽しめます。また、
小玉スイカは皮の近く
の白い部分が少なく、
皮の際まで食べられる
のが大きな特徴です。

なすのおいしいところは、どーこだ？

なすは部位・鮮度によって味わいが異なります。2つの問題を解いて、
なすの特徴を見極めましょう！

② ヘタの下

調理をするとき、
ヘタごと実を切り
落としてない？

① 皮

皮にはたくさん栄養が
詰まってそうだよね

③ ど真ん中

ぷっくりしている
真ん中は、とっても
おいしそうだね

④ 先っぽ

ちょっと飛び出た
先っぽに、あまみが
詰まってたり
するかも

Q1

にあてはまるものを左ページの ① ~ ④ から選ぼう

意外と知られていないけれどなすは

〔　　　　　〕 もおいしい。

Q2

にあてはまるものに、 ❾ をつけよう

そこが 〔 白・紫・黒 〕 色であるほどジューシーで

で新鮮な証拠！

(ヒント)

なすは夜に成長するよ。
そして、日光に
長時間あたることで、
紫色になるんだ。

Q1
意外と知られていないけれど、なすは②ヘタの下もおいしい！

ヘタの下に
あまみとうまみが！

ヘタの下はアクが少なく
みずみずしいので、切り
落とさずぜひ味わって。

"ささがき"を
するように
ヘタをとろう

ヘタの下は、切り落とさずに味わって

なすを調理するとき、ヘタの部分を実ごと切り落としていませんか? なすはヘタの下に、あまみとうまみが詰まっています。調理をする際は、"ささがき"の要領でヘタだけをとるか、ヘタごと縦に4つ割にするといいでしょう。

ちなみに、ナスのヘタを黒焼きにして粉末にしたものが、古くから民間療法として、歯周病や口内炎などの予防に使われていました。現在でも、なすの黒焼きを配合した歯磨き粉が販売されています。

Q2

そこ（ヘタの下）が白色であるほどジューシーで新鮮な証拠！

色がこんなに違うよ！

ヘタの下が白いほど採れたてに近い

ヘタの下の白い部分が、5mmほどあるものが新鮮。時間が経つにつれて、紫色になります。

なすは光にあたると、紫色になる

なすの皮の紫色は、アントシアニン色素によるもの。なすから抽出される色素は「ナスニン」と呼ばれ、日光にあたることで生成されます。じつは朝に収穫したなすは、夜に成長したヘタの下の部分が白色のまま。その後、日光やスーパーの照明などに当たって紫色になっていきます。つまり、なすはヘタの下の部分が白いほど、鮮度が高いのです。ヘタの上部の切り口が茶色く、中心が盛り上がったなすは収穫後、時間が経っています。

水なすは、包丁で切るべからず!?

昔から「水なすは金気を嫌う」と言われており、包丁を使わず、手で割るのがおすすめ。表面が凸凹になり、調味料が絡みやすくなります。また、なすは出始めの6~7月は、実に水分が多くやわらかいので、縦切りにするとよりジューシーに。旬が終わる9月頃は皮が張り、実の水分が減ってしっかりしているため、輪切りにして煮込むといいでしょう。

とうもろこしの「あまさ」をキープする保存法はどーれだ？

とうもろこしは保存の仕方で、鮮度が長もち。
1・2・3のなかから、正解を見つけよう！

皮は
むかないほうが、
絶対フレッシュ
だよね！

❶ 皮付きのまま常温で保存

❷ 皮をむいてラップで包み冷蔵庫へ

ラップで密閉した
ほうが、新鮮さを
保てそうじゃない？

③ 加熱してからラップで包み、冷蔵庫へ

ゆでれば美味しくなるけど、鮮度は大丈夫かな…

（おまけクイズ）

とうもろこしの粒で一番栄養があるのは、どーこだ？

先 / 真ん中 / 根元

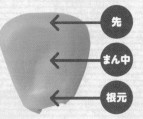

先

まん中

根元

③

とうもろこしの「あまさ」をキープする保存法は③加熱してから冷蔵庫へ

加熱して鮮度をキープ！

とうもろこしのあまみと栄養を逃がさないためには、ゆでる、蒸すなど加熱してから冷蔵庫へ。

ゆでるだけでなく、蒸してもOK！

ゆでた後は水気を切り、すぐラップで包みましょう。みずみずしさや香りを閉じ込めると同時に、粒がシワシワになりにくくなります。

とうもろこしは収穫後24時間で、糖度が半減！

とうもろこしは収穫後、糖度も栄養価も急降下し、24時間経つと糖度が半分になります。できれば、買ったその日に食べるのがベストです。保存する場合は、ゆでる、もしくは蒸すなど調理をしてからラップで包んで冷蔵庫へ。

糖度が落ちるのを防ぎ、2日ほど保存できます。また、冷凍保存する場合は、ゆでた後に実を芯からはずし、ジッパー付きのビニール袋に入れて冷凍庫へ。そのまま炒めものなどの料理に活用しやすいので、おすすめです。

とうもろこしは、粒の根元に一番栄養がある！

とうもろこしの粒の根元には、ビタミンやカリウムなどの栄養が詰まっています。調理をする際、包丁で実をこそぎ取ると根元が芯に残ってしまいがち。できれば一粒ずつ、潰れないようにバターナイフなどでとると栄養をもれなく摂取できます。とうもろこしごはんを作るときには、包丁で粒をこそぎ取った後、芯も一緒に炊くといいでしょう。

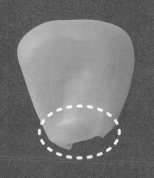

加熱するときは
皮を1〜2枚
残してね〜

電子レンジ（500W）で
5分ほど加熱しよう

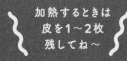

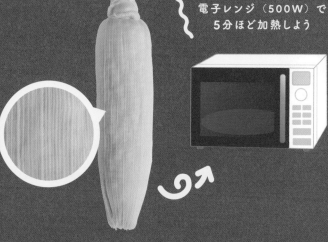

皮をすべて
むくと水分が
抜けてしまうよ

皮を残して調理すれば、みずみずしさをキープ

とうもろこしは皮をむくと水分が抜け、鮮度が落ちていきます。ゆでたり蒸したりするときは、皮を1〜2枚残しておくと水分とうまみが逃げず、みずみずしく仕上がります。電子レンジで加熱する際も、皮を1〜2枚残せばラップ代わりになります。また、とうもろこしは水からゆでるとモチモチした食感に、お湯からゆでるとシャキッとした食感に仕上がります。さらに、4%の濃度の食塩水でゆでると、表面がシワシワになるのを防げます。

ブドウとバナナ、あまい部分は、どーこだ？

自由に丸印をつけてね。

この2つ、じつは「どこでも同じ甘さ」ではないんです。
それぞれ、一番あまい部分に○印をつけてみましょう。

粒は真ん中が一番
あまいんじゃないの？

（　ブドウ　）

（　ヒント　）

ブドウは太陽に
近いほうから
甘く熟して
いくんです。

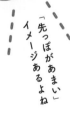

「先っぽがあまい」
イメージあるよね

(バナナ)

バナナにも抗酸化作用のあるポリフェノールが含まれ、熟すほど増えていきます。

先のほうが、
あまみが強い
感じがしない？

真ん中って、
栄養が詰まって
いそうだな

(ヒント)

「花が咲く」
場所の近くが
甘くなるんだよ。
さて、どこかな？

房の根元は、
薄味だった
気がするな…

あまいのは
ここ！

房は
上の部分が
糖度が高い

粒は
下の部分が
糖度が高い

房　**粒**

果梗（かこう）

高い（甘い）

糖度

低い（甘くない）

低い　糖度　高い

房は上、粒は
下のほうが
あまみが強い

房は上から熟していき、
粒の中は糖分が下の部分
にたまります。

ブドウは熟し始める部分が一番あまくなる

ブドウの房は枝に近い上の部分が太陽の光を受けやすく、そこから熟していきます。そのため房の下より、上の部分のほうがあまくなります。食べるときは、房の下から上に向かって食べていくと、だんだんあまみが強く

なって最後までおいしくいただけます。さらに、ブドウは粒の上下でも、あまさが異なります。粒は、糖分が下のほうに溜まるため、下のほうが糖度が高くなるのです。つまり、房と粒では、あまい部分が逆になります。

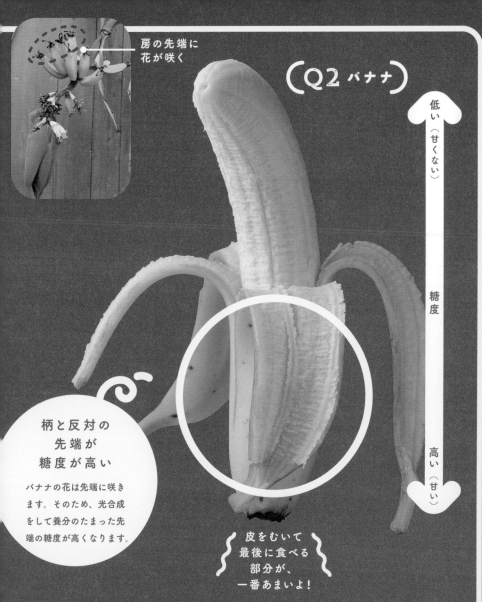

房の先端に
花が咲く

低い（甘くない）

糖度

高い（甘い）

柄と反対の
先端が
糖度が高い

バナナの花は先端に咲き
ます。そのため、光合成
をして養分のたまった先
端の糖度が高くなります。

皮をむいて
最後に食べる
部分が、
一番あまいよ！

バナナは花の咲く先端が、もっともあまい

バナナは先端部分、つまり房のつながって
いた柄とは反対側が一番あまくなります。そ
れは、バナナの花が先端に咲くから。先端は
花を咲かすために、養分が集まって糖度が高
くなります。バナナは一般的に柄の部分から

皮をむきます。そのため皮をむいて最後に食
べる部分が、一番あまい部分になります。ま
た、あまい部分を均等に切り分けるには、輪
切りではなく、縦に入ったスジに沿って割る
のがおすすめです。

究極の二択！あまーいカボチャは、どっち？

カボチャを選ぶときは、皮やヘタを確認しよう。
さてあなたは、1と2どっちを選ぶ？

つるつるして光沢や潤いがあり、緑色があざやかなもの

皮がツヤツヤして、中身もやわらかそうだね。

色も緑で、採れたてって感じだよ！

（ ヒント ）

カボチャは、
しっかりと
熟成したものほど
あまくなるよ。

ゴツゴツと乾いてひび割れ、黒っぽいもの

ヘタが乾いて、
周囲も
凹んでいるね。

皮が硬いと、
中身まで硬そう
じゃない？

皮がゴツゴツと ひび割れ、黒っぽい カボチャがあまい！

皮がゴツゴツで、
ひび割れたカボチャを選んで！

ZOOM

熟してあまくなる ほど皮が硬くなる！

カボチャは採れたてより、
収穫後、追熟して皮が硬く、
黒くなったほうが、あまみ
が増します。

カボチャは追熟して、あまくなる

カボチャは収穫後に追熟させることで、でんぷんが分解されて糖に変化。あまみが増して、ホクホクした食感が楽しめます。カボチャは熟成すると皮が硬く、黒くなります。そのため皮がゴツゴツとひび割れ、黒っぽくな

っているものほど、あまみが増して食べ頃に。皮の一部が黄色くなっているのは、畑で地面と接して日に当たっていなかったことが原因。食べても大丈夫です。その部分は中身と同じ色なので、色が濃いほど味も濃厚です。

カットされたカボチャを選ぶときは……？

カボチャは果肉の色が濃いほうが、味が濃厚であまく、栄養価も高くなります。カットされたカボチャを選ぶときは、果肉が濃いオレンジ色で、肉厚なものを選ぶといいでしょう。さらに、種とワタにも注目。種とワタがぎっしりと詰まっていて、種が膨らんでいるものほど、畑でしっかりと熟してから収穫されたものといえます。

ヘタがコルクみたいに乾燥して、周囲が凹んでいるものがあまいよ！

乾いたヘタと凹みが熟成の印

カボチャはヘタにも注目！熟成が進むと、ヘタが乾燥して、その周りが凹んでいきます。

ヘタが乾燥したら、熟成したサイン

カボチャは熟成が進むと、ヘタの周囲が凹んでひび割れたようになっていきます。また、ヘタも乾燥して、コルクのような状態に。こうなってきたら、しっかりと熟成してあまみが増しているサインです。ちなみに、ヘタは10円玉くらいの大きさが○。また、カボチャは左右対称で、きれいな丸い形をしているほど全体に栄養が行きわたっているのでおすすめです。さらに、ずっしりと重いものほど実が詰まっています。

めざせ！全問正解 みかん○×クイズ

あま〜いみかんを選ぶには、いろいろなポイントがあるよ。
Q1〜6の○×クイズに挑戦しよう。クリアできたら、あなたはみかん博士！

Q1

横から見て、平たいみかんがあまい ○ or ×

まんまる

平たい

Q2

大きいほど、みかんはあまい ○ or ×

大きい

小さい

Q3

皮にハリのないみかんは、あまい　〇 or ×

シワシワじゃ〜

Q4

キズが付いたみかんは、あまい　〇 or ×

キズが痛いよ〜

Q5

皮のツブツブが粗いみかんは、あまい　〇 or ×

粗い　ZOOM　　　ZOOM　細かい

Q6

ヘタの真ん中が大きいみかんは、あまい　〇 or ×

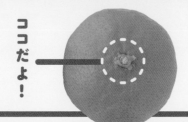

ココだよ！

知ってた？ みかんはヘタから水分が蒸発するため、ヘタを下にして保存すると長持ちします。

答えはこれ！
いくつ正解したかな？

Q1　○……横から見て、**平たい** みかんがあまい

平たいほうが
あまい！

Q2　×……**小さめ** のみかんのほうがあまい

小さめのほうが
あまい！

Q3　○……**皮にハリのない** みかんも、ぜひ食べて

あまみが
ギュッと凝縮
しているよ！

Q4 ○……キズが付いた みかんは、あまい

葉っぱとケンカしながら、日光をたくさん浴びたんだよ

Q5 ×……皮のツブツブが細かい みかんが、あまい

ZOOM

ZOOM

ツブツブが細かいと、あまいよ

Q6 ×……ヘタの真ん中が小さい みかんが、あまい

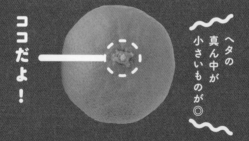

ココだよ！

ヘタの真ん中が小さいものが◎

みかんは大きさや皮、ヘタの真ん中を確認

品種にもよりますが、みかんは平たくて小さめのほうが、あまみがあります。また、なるべく水分をあげずに育ったシワシワのみかんは、あまみが凝縮されているので、見つけたらぜひ味わって。さらに、みかんは木の外側で育つと葉や枝に当たってキズが付きますが、日光を浴びてあまみがアップ。皮のツブツブは「油泡」と呼ばれ、熟すほど分裂して細かくなります。ヘタの真ん中の白い部分が大きいと水分が多く、味が薄くなりがちです。

さつまいもクイズ！全部わかるかな？

さつまいもの形で生育状態がわかる。Q1・2・3の二択問題を
ノーヒントで正解してみよう！

Q1

地表 **に近い or から深い** ところで育つさつまいもは、土が **乾燥している or 水分が多い** ので、ストレスが大きい。だからわが身を守るために糖分を蓄えて、あまくなる。そんなサラサラの土で育つと、自然と **細長く or 太く** なりやすい。

スクスク育った子って、背が高い子のことを言うときが多いよね。

さつまいもは育つとき、
水分が たっぷりのor少ない ほうが
あまくなる。

たっぷりと
水をあげると
みずみずしく
育ちそうだね

表面に黒っぽい
蜜のようなものが
ついているさつまいもは、
買うべきor買わないほうがいい 。
それは フレッシュだor熟成している から。

Q1

地表に**近い**ところで育つさつまいもは、土が**乾燥している**ので、厳しいストレス下にある。そしてわが身を守るために糖分を蓄えて、あまくなる。そんなサラサラの土で育つと、自然と**細長く**なりやすい。だから**細長い**さつまいもはあまいことが多い。

水やりは
少なめに！

地表に近いほど
あまく育つ

さつまいもは、地表に近い乾燥した土のほうが、ストレスから身を守ろうとしてあまくなる。

乾燥した土で育ったさつまいもは、細長い

品種にもよりますが、さつまいもは栽培される土壌によって形が変わります。畑の地表に近い部分は太陽に近いので、土が乾燥してポロポロと崩れる状態。そのため、さつまいもは抵抗なく伸び、細長くなります。反対に、

畑の深い部分は太陽の光が届かず、土も湿っています。そのため、さつまいもはスムーズに伸びていけず横に広がり、ずんぐりした形になるのです。とはいえ、細長すぎるものは繊維質が多いので、少し細めくらいを選んで。

Q2
さつまいもは育つとき、
水分が**少ない**ほうが
あまくなる。

Q3
表面に黒っぽい
蜜のようなものがついている
さつまいもは、**買うべき**。
それは**熟成している**からだ。

切り口や皮に付いた黒い液体は、ヤラピン。また、皮にも栄養があるので、丸ごと食べるのがおすすめ！

水分少なめで育て、熟成させるとあまくなる

さつまいもは肥えた土地で栽培すると、葉っぱばかり大きく育ちます。やせた土地で、あまり水分を与えずに育てたほうがしっかりと育ち、あまみも凝縮されるのです。また、収穫したての新鮮なさつまいもより、2ヵ月ほど熟成させたもののほうが、でんぷんが糖に変わって、あまみが増しています。切り口や皮に付いた黒い液体のようなものは、汚れではなく整腸作用のあるヤラピンが変色したもの。切り口が黒いほど、熟成しています。

宇宙でも、さつまいもが食べられる？！

NASA（アメリカ航空宇宙局）は将来人間が宇宙に長期滞在して食料を自給自足するとき、宇宙ステーションで栽培する作物として、さつまいもに注目しています。それは、さつまいもは栄養豊富なうえ、葉や茎も食べられるのでゴミが少なく、やせて乾燥した土地で育つから。まだ研究段階ですが、宇宙でさつまいもを食べられる日がくるかもしれません。

だいこんの各部位とピッタリの料理を線でつなげ！

だいこんは、部位によって味わいが異なります。
それぞれの部位に適した料理を探し、線でつなぎましょう。

辛いだいこんおろし

サラダ

煮物

頭

おなか

足

頭

キャロットラペ

足

ポトフ

外側

サラダ

内側

八宝菜

(ヒント)

だいこんは
成長するところを
守るために
辛くなっているよ。

知ってた？

だいこんは先が丸いものがあまく、とがっているものは辛味が強くなりがちです。

だいこんの各部位とぴったりの料理は、コレ！

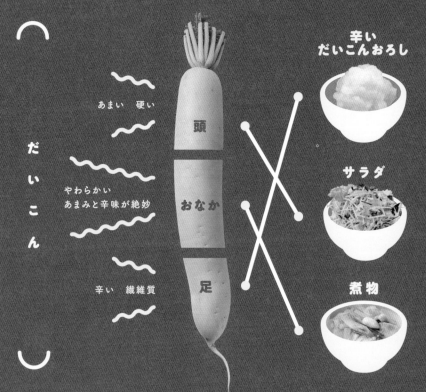

あまい　硬い

だいこん

やわらかい
あまみと辛味が絶妙

辛い　繊維質

頭

おなか

足

辛い
だいこんおろし

サラダ

煮物

だいこんは先端が辛く、頭に向かうほど甘い

だいこんが成長するときは、先端のほうが伸びていくため、動物や虫にそこを食べられないように足は辛味が強くなっています。水分が少なくて繊維質なので、薬味として使う辛いだいこんおろしに向いています。

逆に、頭の部分は一番あまみがあり、水分が多くシャキシャキしています。そのためサラダなどの生食に最適です。

おなかの部分は、あまみと辛味のバランスがちょうどよく、やわらかいため煮物にぴったり。だいこんおろしの辛味を抑えたいときはおなかの部分を使いましょう。

また、だいこんおろしは力強くおろすほど細胞が壊れ、辛味が増します。

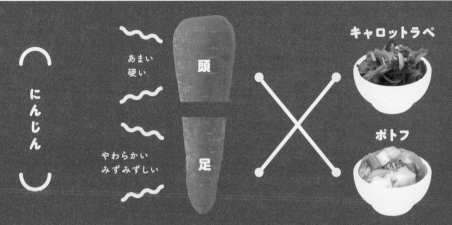

にんじん

あまい
硬い

頭

足

やわらかい
みずみずしい

キャロットラペ

ポトフ

にんじんは頭が硬く、足がやわらかい

にんじんは頭の部分が硬めで、あまみや香りが強いのが特徴です。そのためポトフや煮物、スープといった加熱調理に向いています。反対に、足の部分はやわらかく、みずみずしいため、キャロットラペやサラダなど生のまま使う料理にぴったりです。また、にんじんの葉には、βカロテンやビタミンEといった栄養が豊富に含まれています。

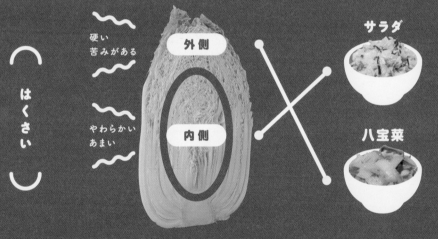

はくさい

硬い
苦みがある

外側

内側

やわらかい
あまい

サラダ

八宝菜

はくさいは内側の葉がやわらかくて、あまい

はくさいは外側の葉が硬く、苦みがあるので八宝菜やクリーム煮などの炒めものや油を使う料理に向いています。一方、内側の葉は成長し続けていて、まだ若い部分。やわらかく、あまみがあるのでサラダなどの生食におすすめです。ちなみに、外側と内側の中間部分の葉は、あまみと苦味のバランスがよく食感もシャキシャキしています。鍋物に使うといいでしょう。

はくさいの上手な食べ方はどっち？

はくさいを食べるとき、やりがちな"あるある"を解明。
正しい食べ方を、それぞれ、〇か×で選ぼう！

Q1

黒いゴマは食べないほうがいい 〇 or ✕？

はじめから
黒ゴマの子もいるし、
冷蔵庫にいる間に
黒ゴマが出てくる子も
いるよ

ZOOM

(ヒント)

黒ゴマの正体は
赤ワインにも
含まれるものだよ！

Q2

葉っぱは**外側**から食べたほうがいい ○ or ✕ ?

いつも何も考えずに
外側の葉から剥がして
食べてない？

真ん中

(ヒント)

はくさいの
成長点は真ん中
にあるよ！

葉の外側には、
真ん中から栄養を
送ってあげてるんだ！

Q1 ×…はくさいの黒いゴマは 食べてもOK
Q2 ×…葉っぱは真ん中から 食べたほうがいい

黒ゴマの正体は ポリフェノール

細胞に収まらないポリフェノールが黒ゴマに。冷蔵庫で長く保存すると低温が続いて黒ゴマができることも。

黒い点々は 汚れでも キズでも ないよ

黒ゴマは 食べられる！

黒ゴマは肥料過多や気温の変化であらわれる

　はくさいの黒い斑点は、「ゴマ症」とも呼ばれます。ゴマの部分をそぎ落として食べる人もいるようですが、その正体はポリフェノール。生育過程での肥料過多、気温の急激な変化、長雨、畑での密度の高さなどが原因で、細胞の中に収まりきるはずのポリフェノールがあふれ、表面に出てきてしまったものです。そのため食べても問題ありません。この黒い斑点は、はくさいだけでなく、かぶ、小松菜、野沢菜などにもあらわれます。

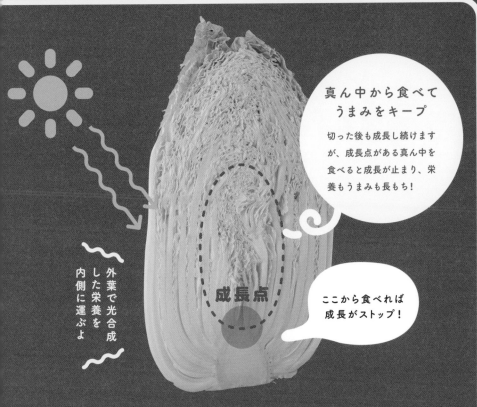

真ん中から食べて
うまみをキープ

切った後も成長し続けます
が、成長点がある真ん中を
食べると成長が止まり、栄
養もうまみも長もち！

成長点

外葉で光合成
した栄養を
内側に運ぶよ

ここから食べれば
成長がストップ！

はくさいは真ん中から食べると、鮮度も味も落ちにくい

　はくさいは外側の葉で光合成をし、真ん中の成長点に栄養を送っています。そのため内側を先に食べることで、外側の葉は栄養を送る必要がなくなり、栄養やうまみをとどめておくことができるのです。半割のはくさいで

芯の部分が盛り上がっているものは、成長し続けて鮮度が落ちています。半割のはくさいは、断面が平らなものを選びましょう。また、はくさいを保存する際は、根本に切り込みを入れると成長を止めることができます。

はくさいには、さまざまな品種がある

　はくさいは品種が多い野菜の一つ。例えば、中国原産といわれる「たけのこ白菜」は、その名の通りたけのこのように細長く、シャキシャキした食感が特徴。盛岡の伝統野菜である「盛岡山東菜」も白菜の一種（右の写真です）。さらに、鮮やかな色が美しい紫白菜など多様な品種があります。紫白菜を加熱すると、他の素材まで紫色に染まることも。

おいしい ほうれんそうはどっち？

葉っぱを比べてみると、鮮度や育った環境がわかります。
○×クイズに全問正解できれば、あなたもほうれんそうマスター！

緑が濃いものを 選ぶべき 　○ or ✕ ?

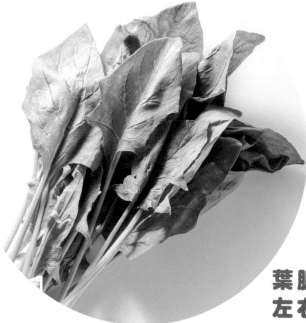

葉の色は、栽培中の
肥料の量によって
変わるみたいだよ

葉脈が 左右対称の ものがいい ○ or ✕ ?

ビニール袋に
入ったものは、
水滴が多い
ほど新鮮
○ or ✕ ?

ほうれんそうは茎が細めの物がベター。芯が太いものは成長しすぎでアクが強くなります。

生育状態がよければ、
"まじめ"に育ちそう
だよね

野菜は袋詰め
されてからも、
呼吸し続けているよ

（ ヒント ）

野菜に水が
ついたまま保存すると
どうなるか、大人なら
知ってるよね？

ほうれんそうは……
Q1 ×…緑が濃すぎないものを選ぶ
Q2 ○…葉脈が左右対称のものがいい
Q3 ×…ビニール袋に入ったものは、
　　　 水滴が少ないほうが新鮮

自然な緑色の
ものを選んで

野菜は色が濃いほど、栄養
豊富に思われがち。品種に
もよりますが、野菜本来の
自然な色がベストです。

葉脈や葉の形が
いびつなものは
生育状態が
よくないよ！

左右対称
だね！

ほうれんそうは色と葉脈がチェックポイント

品種にもよりますが、緑色が濃すぎるほうれんそうは、肥料の与えすぎでチッ素過多になっている可能性があります。不自然に濃い緑色をしたものは避け、自然な緑色のほうれんそうを選ぶといいでしょう。ただ、根元の赤色は、ミネラルやマンガンの色。赤色が濃いほどあまみがあり、栄養も詰まっています。また、生育状態は葉脈でチェックできます。葉脈が左右対称に走っているものは、生育状態が良好です。

水滴

**水滴が多いほど
時間が経っている**

ほうれんそうに限らず、野菜をビニール袋に入れると、時間が経つほど水滴が増えていきます。

袋の水滴の付き方で、時間の経過がわかる

ほうれんそうだけでなく、野菜は収穫したあとも呼吸をし続けています。そのためビニール袋に入れると、時間が経つにつれて水滴が付きます。つまり、水滴が多いほど、店頭に並んでから時間が経っているのです。水滴が付くと、野菜はそこから傷んでいきます。ビニール袋入りのほうれんそうは、できるだけ水滴の少ないものを選びましょう。

「鮮度保持」の袋は、野菜の成長を遅らせる

店頭に並ぶビニール袋入りの野菜の中には、鮮度保持をうたったマークが入ったものがあります。これらは野菜の呼吸をできるだけ抑え、鮮度を長く保つ特殊なフィルムで作られたもの。ほうれんそうだけでなく、さまざまな野菜に使用されています。ビニール袋入りの野菜を買うときは、一度チェックしてみましょう。

家庭用の保存袋もありますよ。

おいしいカブは、ど〜れだ？

カブは大きさが見極めのポイントに。
1・2・3のなかから正解を見つけよう！

卵よりすこし
小ぶりのカブ

原寸大

M〜L
サイズの卵

小ぶりなカブは、
あえて育ちすぎる前を
狙って収穫したのかな？

（ヒント）
ここはノーヒントで！
いろんなカブを
食べてみてわかった
クイズだよ

葉を落とすと転がって流通しにくいから、カブは葉付きで売られています。

卵よりすこし
大きいカブ

卵よりかなり
大きいカブ

卵より少し
大きいくらいが
よく見るサイズだよ

昔話にも出てくる
"大きなカブ"って、
ジューシーそうだよね

おいしいカブは卵よりすこし大きいカブ

卵より少し
大きい
くらいがベスト

かぶは大きさと色が見極めのキモ

カブの大きさは、卵より少し大きいものを選んで。また、新鮮なものほど皮が白く、全体にハリがあります。

カブは標準的な大きさで、重いものが◎

品種にもよりますが、カブは卵より少し大きいくらいが標準的なサイズ。それより大きすぎたり、小さすぎたりするものは避けましょう。ただ、持ってみて、ずっしりと重さを感じるものは水分が詰まっていて、みずみず

しいカブです。また、カブは葉付きで売っていることが多いもの。葉がイキイキとしてしおれていないか確認を。保存する際は、葉を切り離しましょう。葉が付いたままだと、栄養と水分が葉に奪われてしまいます。

カブの葉は、栄養が詰まった緑黄色野菜

カブは白い部分が淡色野菜で、葉の部分が緑黄色野菜。白い部分には消化酵素のアミラーゼや、免疫力を高めるイソチオシアネートが含まれ、葉にはβカロテンやビタミンC、カルシウム、カリウムなどが含まれています。ですので、葉もしっかり食べましょう。おすすめは、味噌汁に入れること。そのほか、炒めて醤油などで味付けをし、ふりかけにしてもおいしくいただけます。

← 緑黄色野菜

← 淡色野菜

● ● ●

カブの白い部分は、実？ それとも根っこ？

カブとだいこんは、同じアブラナ科の植物。だいこんも白い部分が淡色野菜で、葉が緑黄色野菜です。しかし、それぞれ食べている部分は異なります。カブの白く丸い部分は「胚軸」で、根と子葉の間の茎が大きくなったもの。そして、その下にチョロッと伸びているのが根っこです。一方、だいこんは下部の側根の生えている部分が根っこ、生えていない上部が胚軸。つまり、だいこんは根っこと茎の両方を食べていることになるのです。

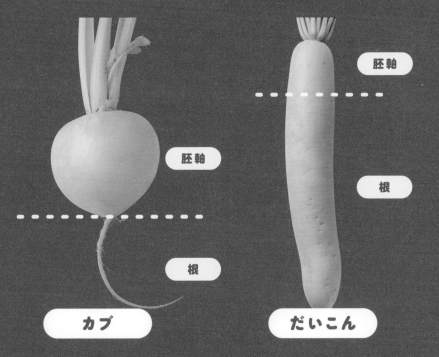

胚軸

根

カブ

胚軸

根

だいこん

ごぼうを上手に食べるため、すべき事はど～れだ？

ゆきさんは 1・2・3 の順で、きんぴらごぼうを作ろうとしています。ごぼう本来のうまみと栄養を保つために、**絶対に必要不可欠な手順は？**

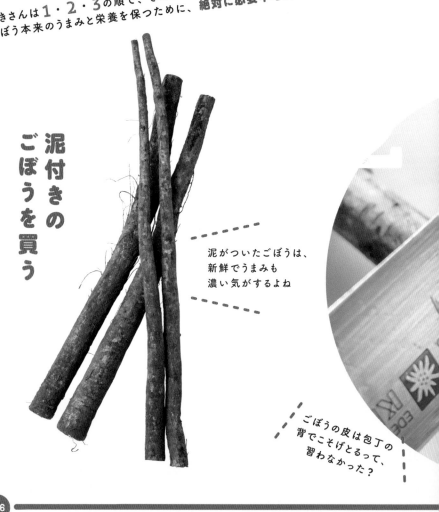

泥付きのごぼうを買う

泥がついたごぼうは、新鮮でうまみも濃い気がするよね

ごぼうの皮は包丁の背でこそげとるって、習わなかった？

酢水につけて、
アク抜きをする

アク抜きをすると、
おいしく上品に
仕上がりそう！

3

包丁の背で
皮をこそげ取る

皮ごとささがきにしたごぼうを天日干し焙煎すると、ごぼう茶が作れます。

（ **ヒント** ）

野菜のうまみや栄養は、
どこに一番つまって
いるかな？　このクイズを
正解するのはかなり
難しいよ！

①〜③すべて絶対「すべき事」ではない!

泥の有無に、こだわりすぎないのがコツ!

"泥ナシ"はかなりキレイです

「洗いごぼう」は水洗いは不要。「泥付きごぼう」は、ごぼう本来の味と香りを楽しめます。

泥付きごぼう　　洗いごぼう

泥より「太さ」や「切り口」を見るべし

　ごぼうは泥が付いていたほうが水分や栄養が抜けにくく、風味がいいもの。ですが、あえて泥を付けて売られている場合もあるので、そこまで泥付きにこだわらなくても大丈夫です。ごぼうを買うときは、太さが均一で、先端に向かって少しずつ細くなっているものを選ぶと◎。切り口を確認し、"す"が入っているものは避けましょう。また、表面がひび割れているものは収穫のタイミングを逃し、成長しすぎています。

皮はこそがず、汚れを洗い落すだけでいい

ごぼうは皮と実の間に、独特の風味やうまみが詰まっています。また、皮にはポリフェノールの一種であるクロロゲン酸が豊富。クロロゲン酸には、肝臓の機能をサポートしたり、脂肪の蓄積を防いだりする働きがありま

す。そのため包丁で皮をすべてこそぎ取ってしまうと、うまみや栄養を落としてしまうことに。ごぼうは皮を取らず、洗うだけでOKです。皮が気になる場合は、アルミホイルで軽くこすりましょう。

包丁の背で皮を
こそげとる必要は
ありません。
水洗いだけで大丈夫！

**アルミホイルを
使ってもOK**

皮が気になるときは、
アルミホイルで落とす
のがおすすめです。

**ごぼうの皮は
栄養がいっぱい**

中国では昔、ごぼうは薬草
として使われていました。
皮にも栄養が多く含まれて
います。

酢水に浸けると、うまみも栄養も流れ出る

ごぼうをささがきした後、酢水に浸けてアク抜きをしていませんか？ 酢水に浸けると料理が白くきれいに仕上がる一方で、ごぼうらしい土の風味やうまみが抜けてしまいます。また、ごぼうには水溶性・不溶性食物繊維の

ほか、ポリフェノールの一種であるタンニンやサポニン、クロロゲン酸など多くの栄養素が含まれています。しかし、酢水につけると、そうした栄養が流れ出てしまうので、アク抜きはせず、そのまま調理するのがおすすめ。

フルーツは冷やすとあまく感じる？

フルーツのあまみ成分は、主に「ショ糖、ブドウ糖、果糖」の3つ。なかでも「果糖」の割合が多い梨、リンゴ、ブドウ、スイカ、さくらんぼなどは、冷やすとよりあまく感じます。一方、「ショ糖」の割合が多いバナナ、ミカン、パイナップル、桃、イチゴなどは、冷やしてもあまさは変わりません。ただ、桃やイチゴは冷やすと口当たりが良くなるため、食べる2時間ほど前に冷蔵庫で冷やすといいでしょう。また、フルーツは料理に取り入れるのもおすすめ。餃子の具に梨をみじん切りにして入れるほか、ポン酢にみじん切りの柿を合わせた「柿ポン酢」は、魚にも肉にもピッタリです。

▲手作りした梨餃子

▲柿は魚との相性も抜群！

PART ③

じつはすごい
名脇役の野菜たち

"主役"の野菜がおいしく感じるのは、
"脇役"がとってもおいしいから、なのかも。
ちょっと控えめですが、彼らもじつはすごいんです。

新鮮な枝豆を選びたい！避けたほうがいいのは、どれ？

新鮮な枝豆を選ぶポイントは、どこかな？
1〜3の中から、避けるべきものを見つけよう！

枝についたもの

枝つきだと、
いかにも新鮮！
って感じじゃない？

枝豆の「メチオニン」という成分には、アルコールを分解する働きがあります。

はち切れそうなほど
育っていると、おいしさが
詰まってそう！

さやの中で
実がパンパンに
育っているもの

(ヒント)

枝豆は、
成長すると
何になるかな…？

うぶ毛が
多くて
立っているもの

うぶ毛が多いと
味もしっかり
してそうだね。

避けたほうがいいのはコレ！
②実がパンパンなもの

ちょっとスリムなものがおすすめ！

パンパンに膨らんでいたら成長しすぎ！

さやがパンパンに膨らんだ枝豆は、大豆になり始めたもの。でんぷんが多く、粉っぽさが感じられます。

7~8分目まで膨らんだ枝豆がおすすめ

枝豆は成長すると、大豆になります。つまり、枝豆は熟して大豆になる前の状態で収穫したものなのです。さやの中で実がパンパンに膨らんでいるものは成長しすぎて、すでに大豆になろうとしている段階。でんぷんが多く、少し粉っぽくなっているため、避けたほうが無難です。おすすめは、さやが7~8分目くらいまで膨らんだもの。また、粒の大きさに偏りのないものを選ぶといいでしょう。

枝についた枝豆は新鮮！

枝豆は「お湯を沸かしてから収穫に行け」というほど鮮度が落ちやすく、時間とともにうまみも栄養も抜けていきます。枝付きの枝豆は、鮮度が落ちにくいのでおすすめです。また、枝付きでも、そうでなくても、生のまま保存すると味も栄養も落ちます。買ったらすぐ、塩分濃度4%（1ℓに対し塩40g、大さじ2杯半程度）のお湯でゆでて冷蔵庫へ。長期保存の場合は冷凍しましょう。

うぶ毛を確認しよう

表面のうぶ毛の多いものが◎。さらに、ピンと立っているものほど、鮮度が高い証拠です。

自然な緑色の枝豆を選びましょう

枝豆は、うぶ毛もチェックポイント。表面全体にうぶ毛がびっしりと生えていて、ピンと立っているものほど新鮮です。また、緑色が濃すぎるものより、自然の緑のものを選びましょう。さやが茶色や黒に変色しているものは、収穫後に時間が経って鮮度が落ちています。ちなみに、枝付きの枝豆はさやや枝、葉が自然な緑色で、切り口がみずみずしいものを選ぶと◎。枝が茶色く枯れかかっているものは避けてください。

アスパラガスを選ぶならどっち？

アスパラガスの味を見極めよう。

陳列の仕方やちょっとしたポイントで、アスパラガスの味を見極めよう。
Q1～4について、それぞれを○か×で選んでね！

Q1

軸がまっすぐなものがいい
○ or ×？

OR

光に向かって
伸びる習性が
あります

Q2

穂先が締まったものが新鮮
○ or ×？

鮮度が落ちると、
力が無くなりそ
うだよね？

Q3

切り口が茶色いものを選ぶ
〇 or ✕ ？

切ったばかりの
断面を想像し
てみて！

Q4

寝かせて陳列されたものがいい
〇 or ✕ ？

畑では「つくし」
みたいに伸び
ているんです。

（ ヒント ）

「収穫後も野菜は
生きている」って
ことを思い出そう。

アスパラガスは、
Q1 ○…**軸がまっすぐ**なものがいい
Q2 ○…**穂先が締まった**ものが新鮮
Q3 ×…**切り口が茶色い**ものは選ばない
Q4 ×…**寝かせて陳列**されたものは避ける

まっすぐ！

軸はまっすぐで「はかま」は少なめが○

軸がまっすぐで太さが均一なものを選んで。また、「はかま」と呼ばれる小さな三角形が少ないほうが、やわらかいといわれています。

切り口が茶色いと鮮度が落ちている

収穫して時間が経つほど、切り口が変色します。ただ、変色した部分をカットして売っている場合もあるので、要注意です。

お店では
立てて陳列

切り口は
まっ白！

穂先が
締まっている

かっちり締まって
ハリのある穂先を
選択

鮮度が落ちて水分が抜けたも
のや、成長しすぎたものは穂
先が広がっています。穂先が
締まって、ハリがあるものを
選びましょう。

軸、穂先、切り口、
そして陳列の仕方に注目

アスパラガスは光に向かって伸びていきます。軸が曲
がったものは、店内に長時間置かれ、照明に向かって伸
びた可能性が。また、穂先はカチッと締まっているほど
新鮮です。そして切り口は、白くてみずみずしいものが
◎。茶色く変色したものは鮮度が落ちています。陳列や
保存は、立てた状態がベスト。アスパラは地面から天に
向かって育つため、寝かせると穂先が起き上がろうとエ
ネルギーを消費し、栄養も味もダウンしてしまいます。

ホワイトアスパラは、光を遮断して栽培

グリーンアスパラもホワイトアスパラも実
は同じ品種で、栽培方法が異なります。グリ
ーンアスパラは日光を当てて栽培しますが、
ホワイトアスパラは日光を遮断して栽培。そ
の結果、グリーンアスパラよりやわらかく、
あまみが強くなるのです。ただ、購入後、そ
のまま冷蔵庫に入れると緑になっていきます。
新聞紙などに包んで遮光し、保存しましょう。

あま〜い ブロッコリーは、 どーれだ？

ブロッコリーは育った環境や成長度合いで
「色」も「味」も変わります。
1〜4のなかから、一番あまーく育った色を選ぼう！

ブロッコリーは、
黄色い花を
咲かせるんだ。
同じ色だね。

① 黄緑色

② うす茶色

茶色いものは、
熟成して旨みが
増して
いるのかな？

ふだんみんなが
食べてるのは 「実」
じゃなくて、花になる
前の 「つぼみ」
だよ

（ ヒント ）

寒いところで育つと、
ブロッコリーはあまくなるよ。
同時に、凍りたくないから、
体のなかで"アレ"を
作り出すんだ。

ブロッコリーと
いえば、鮮やかな
緑を思い
浮かべるよね

③ 緑色

④ 紫色

紫色の
フルーツって、
どんな栄養素が
入っているんだっけ？

④紫色のブロッコリーが、あま〜い

黄色は花の色。
味も栄養価も
落ち始めています

表面の
凸凹が少なく、
なめらかなもの
ほど新鮮だよ！

茶色は傷み始めて
いるサイン！

寒さに耐え、栄養とあまみが増すほど紫色に

　ブロッコリーは冬の野菜。屋外の畑で育つと、寒さで凍ってしまわないよう、自ら抗酸化成分である「アントシアニン」を出して身を守ります。その結果、栄養価が増し、さらに糖分もためこんであまくなるのです。アン トシアニンは紫色ですから、紫色のブロッコリーはあまみが強いということ。ただ、加熱すると緑色に。また、ブロッコリーはつぼみの状態。時間が経つと黄色い花が咲きます。さらに時間が経つと傷んで茶色くなります。

緑色のブロッコリーは、
色が濃いものを選んで。

「ブロッコリー」と「カリフラワー」は、どう違う？

カリフラワーは、ブロッコリーが突然変異したもの。その後、品種改良が重ねられて現在のカリフラワーになり、オレンジ色や紫色など、多様な品種が誕生しました。ちなみに、ブロッコリーはキャベツの突然変異で生まれたといわれています。カリフラワーはブロッコリーよりビタミンCが豊富で、ゆでてもビタミンCが水に溶け出しにくいのが特徴。ゆでるときは酢を入れると、白く仕上がります。

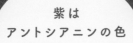

あまいのは紫色のブロッコリー。
見かけたら、ぜひ食べてみて！

紫は
アントシアニンの色

紫色のブロッコリーは糖分をためこんでいるうえ、アントシアニンを多く含み、栄養価も高くなります。

ブロッコリーのおすすめの食べ方は？

ブロッコリーはゆでるより、蒸し炒めにしたほうが栄養が逃げません。フライパンにブロッコリー、塩ひとつまみ、オリーブオイル適量、水大さじ2杯を入れて火にかけ、強火で2分ほど加熱します。火を止めて、そのまま予熱を入れます。これで完成です。

究極の二択！
苦味が減るピーマンの
切り方は、どっち？

苦味が減る切り方を選んでね！

ピーマンは切り方によって、苦味が変わるよ。

タテに切る

チンジャオロースーを作るときは、タテに切るね

(ヒント)

ピーマンの繊維は、
どの方向に
走っているかな？
優しく切ってあげよう。

知ってた？

ピーマンの栄養素「ピラジン」は、わたや種に多く含まれています。食べるには、肉詰めがおすすめ。

ヨコに切る 2

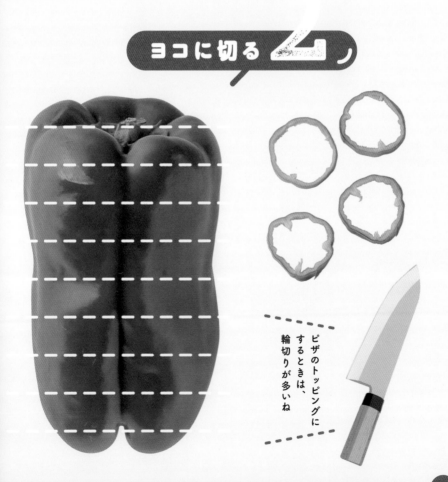

ピザのトッピングにするときは、輪切りが多いね

125

タテに切る
のが正解！

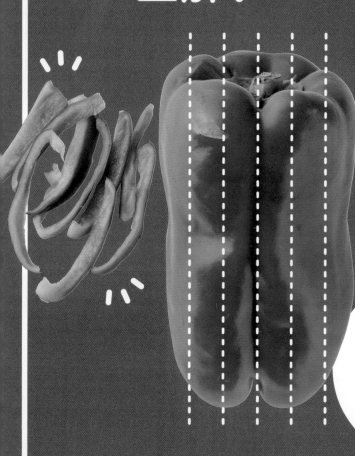

タテに切ると苦味
成分が出にくい！

タテに繊維が走っているため、繊維に沿って切ることで細胞が壊れず、苦味成分が出にくくなります。

ピーマンをヨコに切ると、苦みがアップ

ピーマンはタテに繊維が走っています。そのため、半分にカットしてからタテに千切りにすると細胞が壊れにくく、苦味を抑えられます。一方、横に輪切りにしたり、みじん切りにしたりすると繊維が断ち切られて細胞が壊れ、ポリフェノールの一種であるクエルシトリンや、血液サラサラ効果のあるピラジンなどの苦味成分が出てきます。栄養を逃がしたくない場合は、繊維に沿ってタテに切るのがおすすめです。

赤ピーマン

青（緑）ピーマンが完熟すると赤ピーマンに。熟すにつれて苦味成分「ピラジン」がなくなり、あまみが出てきます。青ピーマンよりビタミン**C・E**、カロテンが豊富。新陳代謝を促すカプサイシンも含まれています。

こどもピーマン

その名のとおり、ピーマンが苦手な子どもも食べられるように、ピーマン独特の苦味とにおいを抑えたもの。ししとうのような形が特徴で、品種名は「ピー太郎」といいます。

青（緑）ピーマン

緑色のピーマンは、未熟な状態で収穫したもの。シャキシャキした食感が特徴で、苦味成分である「ピラジン」が含まれています。「ピラジン」には、血流をよくする効果などもあります。

カラーピーマン

赤、黄色、オレンジなどカラフルな小型ピーマンやパプリカ、トマトピーマンなどの総称。パプリカは、カラーピーマンの一種です。

ピーマンを買うとき、どこを見る？

まずは、ヘタをチェック。軸の切り口が新しく、茶色くなったり、干からびたりしていないものを選んで。次は肩を確認。いかり肩であるほど養分が詰まっています。最後は全体を見て、表面がフカフカでなく、ツヤのあるものを選びましょう。また、ピーマンは種にも栄養が詰まっています。旬の出始めのピーマンは種もやわらかく、種ごと食べられるので、ぜひ一度味わって。

レモンの選び方の ポイントは？

レモンを買うときは、何をチェックする？
Q1・2・3について、それぞれ○か×を選ぼう。

Q1

緑色のレモンは買ってはいけない。
○ or × ？

緑色は
採れたてで
フレッシュな感じ。

黄色いほうが、
ちゃんと
熟してるよね

Q2

表面が凸凹なレモンより、つやつやで皮に張りのあるレモンが良い。〇 or ✕？

表面が
ボコボコだと、
収穫から
時間が経ってそう

つやつやのほうが、
新鮮で
香りもよさそう！

Q3

ボディは黄色いのに、ヘタは緑色…これって買ってはいけない？〇 or ✕？

ヘタまで黄色いほうが、
味も香りもいいんじゃない？

ヘタが緑色のほうが、
新鮮なのかな…？

Q1 ×…緑色のレモンも買っていい
Q2 ○…表面が凸凹なレモンより、**つやつや**
　　　　で皮に張りのあるレモンが良い
Q3 ×…ヘタが緑色は**むしろ買ったほうが**
　　　いい

元はボクも緑！

緑色のレモン

緑色のレモンは
酸味と香りが強い

緑色のレモンは収穫時期が
早く、果汁が少ないのが特
徴。酸味と香りが強く、少
し苦味があります。

酸味を
楽しみたいときは、
緑色のレモンが◎

レモンの色の違いは、熟成度合の違い

　緑色をしたグリーンレモンも、黄色のレモ
ンも同じ木から採れるもの。ただ、収穫時期
が違うため、熟成度合が異なります。グリー
ンレモンは10~12月に収穫。果汁が少なく、
酸味と香りが強くて、少し苦味があります。

　一方、黄色のレモンは1~3月に収穫するもの。
糖度が高くなって果汁も増えます。また、白
いワタの部分も苦味が少ないため、皮まで食
べられます。グリーンと黄色、好みや用途に
よって使い分けるといいでしょう。

張りとツヤが
新鮮さのサイン

新鮮なレモンは、表面に張
りとツヤがあります。凸凹
したものは、果汁が少ない
かもしれません。

レモンは
皮の状態や
ヘタの色を
チェックしよう！

ヘタが緑色

つやつやで
皮に張りのある **レモン**

レモンはビタミンCが豊富。
でも、酸味の元は
クエン酸だよ

ヘタが緑色の
レモンは新鮮

ヘタの色も鮮度のバロ
メーター。ヘタが茶色
いものより、緑色のも
ののほうが新鮮です。

ヘタが緑色のレモンは、鮮度が高い

新鮮なレモンは皮に張りがあり、表面がつ
ややかです。逆に表面が凸凹したものは白い
ワタの部分が多く、果汁が少ない傾向があり
ます。レモンのヘタが黒ずんでいたり茶色っ
ぽいものは時間が経っているので、ヘタが緑

のほうが新鮮です。レモンを丸ごと保存する
場合は乾燥を防ぐため、ラップに包んでから
保存容器に入れて野菜室へ。使いかけのもの
は、空気に触れないようラップで密閉してか
ら野菜室で保存を。

正解はたったひとつ！おいしいにんにくは、どーれだ？

にんにくを選ぶときは、香りや見た目をチェック。
1〜4のなかから、正解をひとつ見つけよう！

1

香りがいい
にんにくは、
味もよさそう！

少し香りのするもの

先端が開いたもの

頂点が開いていると、
香りが抜けちゃいそう

（ヒント）

ここはノーヒント。
直感を
信じよう！

2

3

干からびて
茶色のもの

意外と軽いほうが、
おいしいのかも。

4

色が白いもの

白いものほど、新鮮なのかな？

（ おまけクイズ ）

紫色のにんにくは、
鮮度がわるい？
○ or ✕？

y

z

知ってた？

「にんにくの芽」や「茎にんにく」は「花茎」。にんにくが花をつけるために伸ばす部分です。

p

q

r

s

t

u

v

色が白いもの を選ぼう!

**にんにくは
皮をチェックしよう**

にんにくは日が経ちすぎると皮が茶色に。また、皮がしっかりくっついているかどうか確認しましょう。

皮が
茶色いものは
避けてね

丸ごとの状態で
香りが強いものは、
キズがついて
いるかも……

乾燥しすぎたにんにくは、茶色っぽい

にんにくは出荷前に一度乾燥させています。ただ、古くなり乾燥しすぎると、皮が茶色くなっていきます。茶色っぽいにんにくは避け、白いものを選ぶといいでしょう。皮と実に隙間がなく、しっかりと皮がくっついているものもおすすめです。また、にんにくは独特の香りが魅力ですが、丸ごとの状態では、それほど香りはしません。店頭に並んでいるとき、すでに香りが広がるものは、キズが付いている場合があるので注意しましょう。

×……紫色の正体は、アントシアニン

にんにくに含まれる アントシアニン などの成分は、鉄などと反応すると酸化し、紫色に。鮮度が落ちたわけではなく、味や香りに問題はありません。ちなみに、にんにくは臭いが気になる人も多いようですが、臭い消しにはリンゴがおすすめ。リンゴ酸には、にんにくの臭いの元となるアリシンを分解する働きがあります。また、にんにく片の芽は取り除く必要がなく、食べても大丈夫です。

先が
開いたものは、
新鮮じゃないよ

**頂点の
締まり具合で
鮮度がわかる**

かなり時間が経っているものほど、頂点が開いています。

頂点が締まったにんにくは新鮮！

にんにくを買うときは、頭の部分をチェック。良い状態のものは 頂点がカッチリと締まっていて、ゆるみがありません。古くなるほど、頂点が開いていきます。また、全体の形もポイント。縦長に伸びたものや、表面が凸凹したいびつなものは避けましょう。また、中の粒は大きいものがおすすめです。そして、可能であれば重さも確認しましょう。軽いものは水分が抜けて、乾燥しすぎている場合が多いようです。

しいたけの栄養が増える方法は、どーれだ？

しいたけは家でもさらに栄養価が上げられます。1〜4から正解を2つ見つけましょう！

水につける

生のしいたけも、
水につけるといいのかな？

天日干しにする

おひさまに当たると、
気持ちいいよね

(ヒント)

人間も日光浴を
するよね。
何でだろう？

3

冷凍保存する

しいたけって、冷凍できるの？

4

ぐつぐつ煮詰める

しいたけを煮詰めると、
おいしそうだけど…。

知ってた？

傘の内側のひだが「白い」ほど新鮮です。茶色に変色したものは鮮度が落ちています。

（ヒント）

冷凍すると、
しいたけの細胞は
壊れるよ

正解は2つ！
② 天日干しする
③ 冷凍保存する

2

3

天日干しで
栄養価がグンと
上がる

しいたけは30~40分、
日光に当てるだけでビタ
ミンDが増え、栄養価
が高まります。

かさ裏の
"ひだ"を日光に
当てるのが
コツです

しいたけは日光に当てるとビタミンDが増量

人間は紫外線を浴びることで、体内でビタミンDが生成されます。しいたけも紫外線に当たることで、「エルゴステロール」という成分がビタミンDに変化するのです。ビタミンDはカルシウムの吸収を促し、骨を

丈夫に保つ働きがあるほか、免疫力にかかわる大切な栄養素。しいたけを食べるときは調理する前に、かさの裏を上に向けて30~40分ほど天日干しするとビタミンDがグンとアップします。

冷凍保存で、栄養価がアップする

しいたけなどのキノコ類は、冷凍すると水分がふくらんで細胞が壊れます。すると、調理したときに栄養分やうまみが出やすくなるのです。しいたけは石づきを切り落としてスライスし、ジッパー付きの保存袋などに入れて冷凍するといいでしょう。そのまま保存するより日持ちがするので、すぐ食べない場合は冷凍がおすすめです。調理をするときは解凍しないで。栄養分もうまみも流れ出てしまうので、凍ったまま調理してください。

冷凍すると
栄養も
うまみも出やすい!

しいたけは冷凍すると水分が膨張。細胞が壊れて、調理すると栄養とうまみが出やすくなります。

解凍不要で、
そのまま調理
できます

水洗いや加熱のしすぎには注意して

キノコ類は、調理する際に水で洗うと栄養分も風味も流れ落ちてしまいます。汚れが気になるときは、ふきんなどで軽く汚れを落とすだけでOKです。保存するときも、水滴がつくと傷みやすくなるため、キッチンペーパーや新聞紙で包んでからビニール袋に入れると湿気を防げます。また、調理するときは、加熱のしすぎにも注意しましょう。栄養が損なわれるだけでなく、キノコならではのうまみや香りも飛んでしまいます。

みなとの野菜ノート③

「野菜が余った……どうしよう？」

　野菜が中途半端に余って困ったときは、ベジブロス（野菜のだし）を作るのがおすすめです。余った野菜を集め、にんにくなどの香味野菜を加えて水と一緒に煮て、最後に野菜をこしたら完成。製氷皿に入れて冷凍すれば、いつでも必要な分だけ使うことができ、とても便利です。こした後に残ったクタクタの野菜は、そのままカレーに入れるといいでしょう。そのほか、僕は余った野菜をよく天日干しにしています。水分が抜けて野菜に歯ごたえが生まれ、青臭さもなくなって食べやすくなります。保存がきくのも、うれしいですね。

▲ベジブロスも天日干しも、思ったより簡単にできる

PART ④

知って得する
保存&調理のコツ

「野菜をしまう」までがお買い物です。
おウチに着いたら、最後の仕上げをしましょう。
保存が上手なら、料理もおいしくなりますよ。

この冷蔵庫は、まちがいだらけ。どうしたらいいかな？

野菜には、冷蔵庫で「保存しないほうがいいもの」や「入れ方が違うもの」がある。
まちがっているものを見つけて、**正しい保存法を考えてみましょう。**

トマトが育つのは
寒い地域？
それとも暑い地域？

ほうれんそうを
野菜室に入れてるの
はダメかな……

（ヒント）

それぞれ、畑で
どうやって育つのかな？
その姿が最もストレスが
少ないのかも！

知ってた？

メーカーにもよりますが、野菜室の温度は、冷蔵室より少し高めに設定されています。

かぼちゃは
冷蔵庫に入れた
ほうが長持ち
するんだっけ？

ネギは長くて
いつも斜めや横に
なっちゃうよね

メロンをはじめ、
果物は冷やした
ほうがおいしそう
だよね！

143

正しい保存法はコレ！

あなたはいくつ正解できましたか？
（さつまいもを見つけた人はスゴイ！）

トマト

冷気を避け、ヘタを下に向けるのがコツ

真夏以外は常温でOKです。冷蔵庫に入れる時は、冷気が当たらないようキッチンペーパーに包んでからビニール袋に入れましょう。このとき硬いヘタの部分を下にすると傷みにくくなります。

キノコ類

袋から出して、キッチンペーパーに包む

キノコ類は水気に弱く、傷みやすいもの。袋から出してキッチンペーパーに包み、ビニール袋で保存しましょう。

ほうれんそう・小松菜

湿らせたキッチンペーパーで包みます

湿らせたキッチンペーパーに包んでからビニール袋に入れ、口をふさがず冷蔵庫へ。立てた状態で保存しましょう。

ブロッコリー

エチレンガスが出るので、ポリ袋に入れて。

立てて保存

タテに育ったものは立てましょう

アスパラ、きゅうり、なす、にんじんは、いずれも栽培中の状態と同じく、立てて保存してください。乾燥や傷みを防ぐため、キッチンペーパーやラップで包んで。

カボチャ

カットしてある場合は、種とワタを取り除いて

カットしたかぼちゃは種とワタから傷み始めます。種とワタを取り除いてラップで包もう。

長ネギ

まるごと保存するなら冷暗所で

短くカットしたものは、冷蔵庫で立てて保存を。

さつまいも

寒いところが大の苦手です!

さつまいもは冷蔵保存すると、低温障害を起こします。新聞紙などに包んで、冷暗所に保存しましょう。

メロン

食べる 1~2 時間前に冷蔵庫で冷やすと◎。

冷凍しても、おいしく食べられる野菜・果物はどれ？

冷凍することで、おいしくなったり、栄養を摂りやすくなったりする食べものがあります。正解は**7つ**あります。

冷凍して便利に使える野菜・果物に○をつけましょう。正解は**7つ**あります。

とうもろこし

すぐに鮮度が
落ちるん
じゃなかったっけ？

トマト

レタス

青ネギ

たまねぎ

野菜を冷凍すると、
細胞が壊れる
っていうよね

葉っぱは水分
少なそうだから
大丈夫かな?

小松菜

もやし

かぼちゃ

カイワレ大根

冷たいブドウって
おいしく
なりそうだよね!

ぶどう

冷凍庫はギッシリと詰め込んだほうが、お互いに保冷剤の役割を果たし、冷却効果がアップします。

冷凍してもおいしい
野菜・果物は、これ！

トマトは丸ごと冷凍可能。リコピンも摂取しやすい！

トマトはまるごと冷凍しても、細かく切って冷凍してもOK。細胞が壊れ、リコピンが流出して摂取しやすくなります。まるごと冷凍したものは、流水で10秒程度すすぐと皮が自然にむけ、湯むき不要です。

トマト

レタス

たまねぎ

青ネギ

刻んで冷凍した青ネギは薬味などにすぐ使えて便利

青ネギは刻んで冷凍すれば、凍ったまま薬味などに使えます。水気を取り、底と側面にキッチンペーパーを敷いた保存容器へ。野菜室に一日置き、キッチンペーパーを取り除いて冷凍庫に入れて。

刻んで冷凍すればあめ色たまねぎも時短で作れる

たまねぎは、みじん切りにしてから冷凍。細胞が壊れやすくなって水分が早く流れ出るので、あめ色たまねぎを作るとき時短になります。

とうもろこしは冷凍して新鮮さをキープしよう

とうもろこしは24時間で糖度が半減。冷凍保存すると、新鮮さをキープできます。生のまま粒だけ取って冷凍すれば、解凍せずに料理に使えます。

ほかの野菜は……

レタス、もやし、カイワレ大根も冷凍保存できます。ただ、冷凍すると、解凍したときに水分が出てベチャっとし、生食には向きません。凍らせる場合は、そのまま加熱調理を。

小松菜

もやし

小松菜は冷凍で香りが和らぎ子どもも食べやすく

小松菜は水気を切って食べやすい大きさに切り、保存袋などに入れたら空気を抜いて冷凍。生食も可能ですが、そのまま味噌汁や炒め物にも使えます。冷凍すると独特の香りが和らぎ、子どもも食べやすくなります。

かぼちゃ

カイワレ大根

ぶどう

かぼちゃは用途に合わせて冷凍すると使いやすく

かぼちゃは用途に合わせ、食べやすい大きさに切ってゆでてから冷凍するか、ゆでたあと粗くつぶしてから冷凍すると料理に使いやすく、便利です。

ブドウを冷凍すると皮がツルンとむける

ブドウを冷凍すると、食べるときに軽く水でぬらすだけで皮がツルンとむけます。半解凍してシャーベット状にして食べるのもおすすめです。

リンゴと一緒に置いてたらダメなもの、どーれだ？

じつはリンゴは、食材によっては悪影響を与えることもあります。
一緒に保存するのを避けるべき食材を**選び**ましょう。正解は**3つ**です。

よく一緒に
置いてるけど、
どうなったっけ？

リンゴ

リンゴから出る「エチレンガス」
は、周囲の食材まで熟成を促進さ
せます。さらに追熟が進むと、腐
敗に向かいます。

バナナ

じゃがいも

はくさい

キウイフルーツ

アボカドって
食べ頃になるまで
時間がかかるよね

アボカド

ブロッコリーは
追熟
するのかしら？

キュウリ

ブロッコリー

（ ヒント ）

買った後にも「追熟」
が進んで良いものと、
そうでないものが
あるよね。

洋ナシ

リンゴと一緒に保存したらダメなのは、**これ!**

バナナ

じゃがいも

はくさい

エチレンガスを多く出すもの

リンゴのほか、桃、メロン、洋ナシ、トマトなどもエチレンガスを多く放出します。ちなみに、エチレンガスを出すものと一緒に「焼き菓子」や「ケーキ」を冷蔵庫で保存すると、パサつきを防ぎ、しっとりした状態をキープできます。

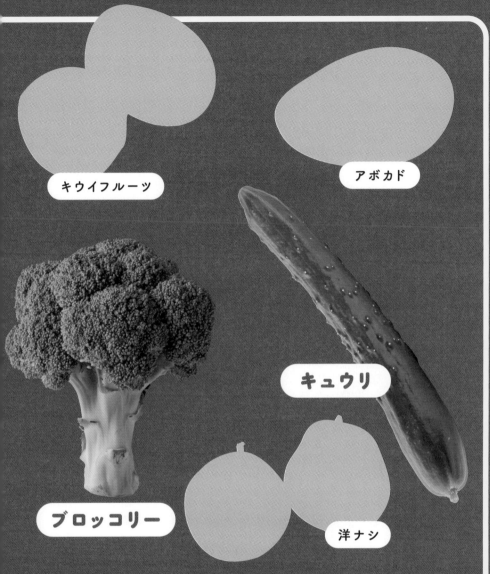

キウイフルーツ

アボカド

キュウリ

ブロッコリー

洋ナシ

リンゴは使い方次第で、成熟をコントロールできる

基本的に、すべての野菜や果物はエチレンガスを放出します。エチレンガスには野菜や果物の成熟を促す働きがあり、特にリンゴは多くのエチレンガスを放出するため、キュウリ、ブロッコリー、はくさいと一緒に保存すると傷みやすくなります。

ただ、リンゴを上手に使えばメリットも。未熟なアボカドやキウイ、洋ナシやバナナをリンゴと一緒に保存すれば、成熟が進んで早く食べごろを迎えます。また、エチレンガスには発芽を抑える働きがあり、じゃがいもと一緒に保存すると芽が出にくくなります。

水からゆでる野菜は、どーれだ?

野菜は水からゆでるものと、お湯からゆでるものがあります。
水からゆでる野菜に○をつけましょう。正解は **4つ** です。

肉じゃがを
作るときは、
どうしてたっけ?

じゃがいも

ブロッコリー

ほうれんそう

ゆですぎなのか、
いつもクタクタに
なっちゃう……

皮が硬いから、じっくりゆでたほうがよさそう

かぼちゃ 🎵

アツアツだとおいしいし「お湯から」でしょ！

（ ヒント ）

土の中で育つものを探してみよう

えだまめ 🎵

普段「水から」ゆでてるけど、意外と「お湯から」とか？

たけのこ 🎵

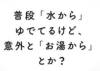

だいこん 🎵

水からゆでる野菜は、
これ！

○

ブロッコリー

じゃがいも

ほうれんそうや
ブロッコリーは、
ゆですぎると
クタクタになるので
注意してね！

ほうれんそう

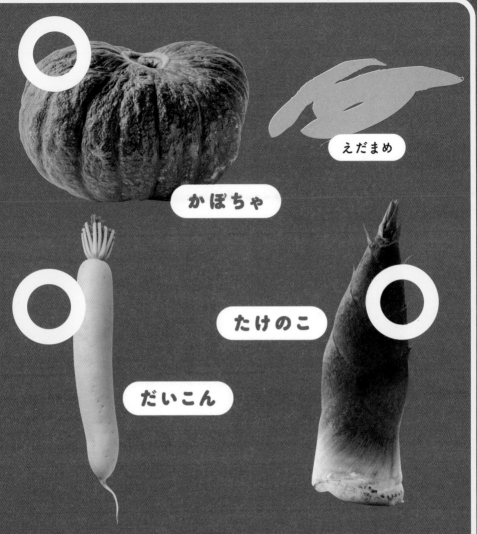

えだまめ

かぼちゃ

たけのこ

だいこん

土中で育つ野菜は水から、土の上で育つ野菜はお湯から

だいこん、じゃがいもなど「土の中」に育つ野菜は、表面が厚く熱が通りにくいものが多いので、水からゆでます。

一方、ほうれんそうやブロッコリー、えだまめなど「土の上」に育つ野菜はお湯からゆでます。ただし、かぼちゃは例外。かぼちゃは水からじっくりゆでたほうがあまみが増し

ます。たけのこもアクが強いので水から下ゆでをします。たけのこも実際は土中で育ちます。

また、ほうれんそう、えだまめ、ブロッコリーはゆですぎに注意。ほうれんそうは茎を約10秒、葉を約10秒ゆでればOK。えだまめは約3~5分、ブロッコリーは約2~3分がゆで時間の目安です。

おわりに

みなさん、クイズはいかがでしたか？

「野菜って、意外と知らないことも多いんだな」

「次にお買い物に行くのが、ちょっと楽しみになった」

「料理が苦手だったけど、すこし自信が出てきたかも」

「全問正解したいから、もう一回チャレンジしてみる」

そんな風にどんな形でも良いので、

野菜に興味を持ってもらえたなら、とても嬉しいです。

本のなかでも書きましたが、

僕は日本各地で育てられている「伝統野菜」を

広めていきたいと思っています。

色んな理由で流通させるのが難しいけれど、

栄養も味も最高！

そんな伝統野菜が、日本にはた ―― くさんあるんです！

そして、じつは出会える機会も身近にあったりします。
たとえば道の駅で、野菜の直売所で、
アンテナショップで。
この本で野菜に興味を持った人は、
そんな場所を訪れるときに、
ぜひ伝統野菜も探してみてください。
きっと、初めて体験する風味や食感が、
あなたを待っています！

2021年7月吉日　緒方湊

野菜がおいしくなるクイズ

2021 年 7 月 27 日 第 1 刷発行

著　者　　緒方 湊

発行者　　大山邦興
発行所　　株式会社 飛鳥新社
　　　　　〒 101-0003
　　　　　東京都千代田区一ツ橋 2-4-3 光文恒産ビル
　　　　　電話　03-3263-7770（営業）　03-3263-7773（編集）
　　　　　http://www.asukashinsha.co.jp

編集協力　　　　籔 智子
ブックデザイン　室田 潤（細山田デザイン事務所）
撮　影　　　　　片桐 圭
イラスト　　　　ユア

印刷・製本　　中央精版印刷株式会社

編集担当　　　三宅隆史